U0055441

邊境角落關鍵字

#413天異地觀察實錄

#葉兆中

另一個世界：東非

故鄉：東亞

推薦序

花亦芬
國立台灣大學
歷史系教授

Gap Year的行動實踐：用旅行豐富自己生命的質地

兆中是我在台大教的學生當中，相當尋常、又相當不尋常的一個學生。

他是聽了表哥的推薦來上我的課。一百學年度上學期，他修了我在歷史系開的選修課「德意志與瑞士宗教改革史」。對歐洲史陌生的他，在修了幾星期的課之後，因為對史料閱讀一直進不去，他主動問我，是否可以在每週上課前的午休時間到我研究室，一句一句讓我帶著他讀文本。我們就這樣一字一句地度過了那個學期。

在台大教書這麼多年，至今他是唯一懂得這麼做的學生。

當兆中後來告訴我，他在計畫環遊世界的大旅行，我對他下決心要進行這麼高難度的行動一點也沒有感到驚訝。在我心中，他屬於稍稍晚熟，然而一旦摸索到自己想要追尋的方向，是會很有毅力咬緊牙關一步一步克服困難、達成目標的人。

今年暑假收到出版社寄來他的書稿，輪到我一字一句讀他寫的文字。在一個陽光炙熱的午後，我獨自坐在研究室，讀著他寫的旅行經歷，有不少見聞與心情還讓我印象深刻地想起過去從他臉書上讀到的即時報導。

好快，這個勇闖天下的年輕人，平安回來了。紀錄這趟大旅行的書就要熱騰騰上市了。

這是一本身體感很強烈的旅遊紀錄。兆中因為是一個人上路，之前也不是自助旅行的老鳥，因此他幾乎是用自己的身體與情緒直接面對走向的每一個國度。在旅行的過程中，他才意識到裝備不足就去爬喜馬拉雅山的危險；也在坦尚尼亞遇搶後，從各種不同的人嘰哩呱啦談是否該對陌生人毫無防備，看到隻身旅行的困境。他在歐洲受到無理的對待，但也在自己不開心的情緒未解時，被其他歐洲人敞開胸懷的慷慨與善意感動到開心微笑。

是的，旅行的過程，就像人生的過程，不會都是美好而愉快的。不僅正面的經驗，負面的經驗互相交織，同時也要有心理準備被偷、被搶、突然會遇到緊急狀況。然而，要因為害怕這些突發的不可預測性而不出門嗎？還是寧可在這些突發狀況裡磨練自己學會危機處理，日後也可用來應付人生的各種處境？

兆中的書讓我們看到一個年輕人邁向成熟，知道要為自己人生負責，也知道自己的平安牽繫著好多人平安的成長過程。這個過程，紮紮實實。

這一年半的 Gap Year，兆中所吃的苦、所體會到的豐富多元世界，是他接下來的人生可貴的禮物。希望這個禮物盒裡裝載的各種正面經驗、負面經驗，慢慢在他自己的人生與律師生涯裡，轉化成讓他可以不斷反思、也幫助他可以用更超然開闊的視野面對未來生活遭遇的中性經驗。

就像他在這趟大旅行一路上經歷到的，在安全裡有危機，在險境裡有人的善意。

看到台灣這樣的一個年輕律師，在考上律師執照前，願意先去瞭解這個世界的種種可能。我相信，台灣的民主多元化之路雖然走得崎嶇，但仍然充滿了希望與活力。因為視野越來越寬廣的年輕世代願意用勇闖天下的方式教育自己，用大旅行的親身經歷來豐富自己生命的質地。這樣的質地，也終將幫助台灣與更寬廣的世界連結。我們不必擔心自己不是世界的中心；我們該慶幸，我們的年輕人懂得培養自己擁有航向世界的胸懷與能力。

前言

我是一個喜歡聽故事的人，從小便喜歡窩在書店角落閱讀別人的故事，因為有了故事，我可以穿梭在不同的世界裡，渺小的生命被無限延伸，一個下午便能經驗一種截然不同的生活；這太美好了！生而為人，如果能夠看遍世界的樣貌，我想自己便能毫無遺憾地離開吧。

也許是這樣的個性，當自己有了能力，便催生出環球旅行的念頭，我想去那種「很少觀光客到過的地方」看看不同的庶民生活，想要到世界邊境每個角落，認識不同的人、聽聽有趣的事，變換停駐的文化圈，這樣的過程彷彿在閱讀一本又一本的故事書。

二〇一六年一場超過四百天的旅行，我看過世界許多角落的浮生百態，決定動筆寫下沿途的世界，一方面我想書寫自己的旅行冒險，一方面我想觀察世界各地人們的生活，便寫出這樣一本夾雜冒險故事和社會評論兩種文體的書，我希望藉此勾勒出一個立體的世界，讓讀者一起到世界各地進行深度旅行。

旅行是一件迷人的事情，因為我們在途中看見不同的生活可能，我在旅行結束後書寫的《邊境角落關鍵字》一書，不僅僅是我的冒險故事，也是沿途不同成長背景人們的生活風景，當然如果這些故事有幸能開啟另外一場旅行，那又會是另一篇精采的故事了。

出發前那個晚上我在房間裡收拾行李，突然看見書桌角落有一抹灰塵，我反射性地拿起抹布，才意識到這個動作有多麼多餘，即將出國旅行一年多，回來時這張桌子不知道會累積多少灰塵。

我躺在柔軟的床上，再過三個小時就要出發去機場，這時的我根本不可能睡著，回想幾個禮拜以來發生的事情，打疫苗、採買裝備、辦簽證和信用卡，太多人給了關於旅行的建議，但我其實不太願意去聽，一切能夠避免的冤枉路都是旅行中最珍貴的事情，我想要第一手去體驗這個世界。

自從兩年前決定出發開始，我便時常揣測自己在旅行中的樣貌，這陣子更是無分日夜都在幻想，直到真正要出發時，反而覺得一切都好不真實，彷彿現在的感受僅只是自己對旅行的幻想而已。

我走到客廳撫摸著家中那隻垂垂老矣的狗，她被吵醒後不滿地瞪我一眼，然後便低下頭繼續睡覺，我坐在地板上靜靜凝望著她，此時腹部凸出的脂肪瘤已經累積許多，我甚至不知道有沒可能再次看見她在門口迎接我的模樣，但她沒有意識到這可能是我們最後一面，慵懶地翻過身開始打呼。

——

四個小時的飛行，把我從這個島嶼帶向一片新大陸。

當曼谷的輪廓出現在飛機的窗口，我竟忍不住激動地哭了，這個畫面我已經等待整整三年，大學時對於生活感到煩躁的我，異想天開地想把自己放逐到一個不同的地方，也許是亞馬遜的叢林中、也許是喜馬拉雅的雪山上、也許是非洲的大草原，我開始計畫離開這個島嶼。

讀書、存錢、查資料，就在這樣的忙碌與混沌中我拿到了畢業證書和退伍令；最初想要旅行起因只是為了逃離現況，卻在搜尋資訊的過程中讓我對這個世界產生無比的好奇和狂熱，尤其當時女友的工作是空姐，每當她告訴我國外故事，那股想要長出翅膀的渴望便在我體內咚咚咚地跳動；雖然還沒拿到律師資格，我卻再也等不下去，終於上網訂下台北飛往曼谷的機票。

飛機降落在跑道上的那瞬間，我原本以為有什麼事情會發生，於是把耳機拿了下來，準備用嚴肅的心情迎接這等待許久的一刻，結果卻什麼也沒發生，只聽見從機長室傳來的廣播。

「本班機順利抵達曼谷，當地氣溫三十三度、時間是早上九點十五分。」

熱度 東南亞

遊戲

這是一場生存遊戲，我的身體和手中握有的金錢就是資本，讓我在這個廣闊的世界存活下去。

曼谷

Bangkok

我抱著行李站在偌大的曼谷機場大廳，環視周圍移動的人們，雖然我的心臟正在劇烈跳動彷彿即將炸裂，臉上卻是毫無表情。此刻若是任何人主動跟我搭話，我一定會嚇到馬上逃離現場。

為了第一手認識這個世界，我在開始旅行之前並沒有查詢太多資訊，只知道自己要先前往背包客的聖地考山路，那個酒精與住宿價格同樣便宜、販售各種旅行裝備甚至仿冒證件的地方。

我深吸一口氣，鼓起勇氣搭訕旁邊兩個亞洲年輕人分攤計程車錢，他們也是正在環遊世界的日本人，第一站目的地和我相同都是曼谷的考山路，我的英文最好所以負責詢價。在機場外面攔到的計程車去考山路開價九百泰銖（約台幣七百八十五元），是我在網路上查到價格的兩倍，這些經驗老道的司機大概馬上看穿我的冷靜是裝出來的，實際上完全是隻毫無經驗的菜鳥。

我轉過頭看見那兩個日本背包客正眼巴巴望著我，彷彿已經認定我是他們的前輩，我覺得自己應該要做出點成果，只得苦笑著向司機點頭，把高得不合理的價格吞下去，果然想要裝懂就得付出代價，我無奈地坐進計程車前座。

———

離開計程車的瞬間，一股混雜南洋香料和人體汗臭的強烈氣味撲鼻而來，路邊攤用鐵鍋翻炒香氣四溢的食物、歐美白人穿著涼鞋短褲拎著啤酒在街上閒晃，濕熱的天氣把全身蒸出汗水，加上街頭嘈雜壅塞的交通，我的身體五感被各種豐富的味道、畫面和聲音給充滿。

我無法形容第一眼看到考山路時的感動。無論在書籍或網路上都讀過太多關於她的文字，此時真正見到這條路出現在眼前，我像是掉進糖果堆的小孩興奮地衝進去，但這樣的感覺卻沒有維持太久。因為詢問到所有旅館的房價都是我預算的兩倍以上，我不願意輕易就範，畢竟一待就是兩個星期，每天一百泰銖的價差就會導致很大不同。

我背著行李繼續在考山路亂走詢價，天空卻不領情地下起午後雷陣雨，雨水弄濕我的頭髮和裝備。就在我即將妥協住進比較貴的旅館前，意外在一條巷子裡發現兩百泰銖（約台幣一百七十五元）的單人房符合預算，還附帶熱水和無線網路，乾淨的床鋪讓我露出如釋重負的微笑。

這樣開心的心情一直延續到隔天，直到我不小心瞥見老闆的記事本上寫著「單人房一百五十泰銖」為止。

卸下行李以後我買了泰式炒麵和芒果奶昔坐在人行道享用，和兩個也蹲在路邊吃飯的比利時女生聊天，她們邀請我下午一起去老城區閒晃，雖然隔天就有網路上認識的泰國朋友要帶我去那邊參觀，但因為不好意思推辭，只好答應邀約。

她們想要搭船前往老城區，我們一起到碼頭邊才發現觀光船的票價是四十泰銖，我嚇了一跳，曼谷交通不應該這麼貴才對。但她們什麼也沒說就付了錢，我也只好跟著掏出鈔票，直到隔天跟當地朋友再次搭船時才發現若是搭乘當地交通船，相同路程只要六泰銖。

我們參觀了曼谷的大皇宮和臥佛寺，雄偉壯闊的宮殿映入眼簾那瞬間便把我給震懾住了。牆壁上的花磚細緻華麗，金碧輝煌的寺廟在我這個同樣受到佛教文化影響的島國子民眼中既熟悉又帶著異國情調，知道明天還要造訪相同景點，我在參觀時竟然帶著保留，捨不得把所有精華全部看完。

晚上回到旅館我清點鈔票，發現今天竟然花了一千五泰銖（約台幣一千三），是我預計每日生活費的三倍。我躺在床上盯著天花板沉思，若想用有限預算走完整趟環球旅行，我的行為模式就必須檢討，要學會傾聽內心需求，不想做的事情得學會拒絕，才不會像今天這樣花了交通費和門票又覺得不盡興；而且我也需要學習保護自己，如果對方開價不合理就要議價。

我已經離開台灣，人在國外可不像以前隨時有家人可以當後盾，我只能靠著自己的力量完成挑戰，這是一場生存遊戲，我的身體和手中握有的金錢就是資本，讓我在這個廣闊的世界存活下去。

附論：天使的夜晚

夜晚的考山路是個巨大的露天夜店，喝醉的人們從店裡滿溢，拎著啤酒當街跳著舞，每間店無論是Livehouse、餐廳或夜店，全部都放著震天響的音樂，販賣炸昆蟲和紀念品的小販在人群中穿梭，用不標準的英文大聲吆喝，這個畫面構成考山路獨特的風景。

考山路有非常多歐美白人以月為單位在此生活，他們和背包客一樣，覬覦這邊的廉價消費，從旅館、路邊攤、按摩到酒精，全都比曼谷其他區域便宜許多。每天早上我出門跑景點時，除了在巷口巴士站等車的背包客，整條考山路幾乎完全空蕩蕩，這邊許多人都會睡到下午，吃個泰式炒麵搭配按摩打發時間，等到夜晚來臨時才真正甦醒開始新的一天。

考山路以外，曼谷的夜生活還有另外一種樣貌——性交易。我旅館隔壁間的法國大叔，住在便宜的廉價旅館省錢，卻每晚跑去紅燈區，帶著不同的泰國女生回來睡覺。

越戰如火如荼時，美國和泰國政府簽訂協議，讓駐紮西貢的美國大兵放假可以來曼谷娛樂，除了各種渡假村的興建，性產業也在曼谷悄悄扎根。根據統計，一九五〇年代的曼谷約有兩萬名性工作者、一九六五年時卻增加到四十二萬；越戰結束後雖然美軍撤離，但歐洲和東亞的嫖客卻遞補美軍繼續湧進來尋芳作樂，曼谷的性產業持續蓬勃發展，紅燈區閃爍的霓虹燈從未熄滅。

有趣的是，過去大學同學總會開玩笑說要去曼谷「洗泰國浴」，但這樣的消費模式似乎僅限於亞洲嫖客，隔壁的法國人說他沒有聽過這玩意。從剛開始的美軍到後來的歐洲嫖客，西方人似乎比較喜歡去「Go-Go Bar」，我認為這個現象和東西文化差異有關，亞洲人喜歡花錢當皇帝，西方人則鍾情 Go-Go Bar 獵豔和談戀愛的感覺。

曼谷的原意是「天使之城」，每到了夜晚，許多墮天使便紛紛展開翅膀，從考山路到紅燈區，他們用不同角度重新詮釋曼谷的意涵。

背包客的聖地考山路，充滿無數廉價旅館、路邊攤、按摩店和酒吧

距離

大城市人與人之間不可避免隔著一段距離，如果不主動搭訕，很可能一整天都不會和任何人交談。

丹嫩莎朵

Damnoen Saduak

在曼谷待了十多天，逐漸認識一些當地朋友，也辦了自己的手機門號，不需要問路就能搭公車到達大部分地區，這讓我產生一種隱形的快感。我的東亞臉孔更是方便，有一次和朋友去阿育陀耶看遺跡時買門票，售票員找零時竟然多給三十泰銖，他以為我是泰國人而算成本地人票價。

大城市人與人之間不可避免隔著一段距離，如果不主動搭訕，很可能一整天都不會和任何人交談，這樣的日子久了終究有些寂寞，於是我攤開地圖選定近郊以水上市集聞名的小鎮丹嫩莎朵，準備進行另一場旅行。

大部分遊客來到丹嫩莎朵只會花半天在水上市集搭船，而距離水上市集有段距離的小鎮中心並不像曼谷那樣隨處可以見到外國人，或許正因為如此，想要在這邊隱形並不是一件容易的事情。

抵達那天我背著行李在市中心找住處，因為很少旅客在這個小鎮過夜，旅館並不好找。我在烈日下四處詢問，人們不是聽不懂英文就是不知道哪裡有旅館，我滿身大汗坐在地上，這時路旁一位中年婦女突然向我走來，我困惑地抬起頭，只見她擺擺手示意我留在原地，接著便轉身往巷子走進去。

不久後她騎著摩托車來到我的身邊，拎著安全帽嘰哩咕嚕對我講了一大串泰文，我聽不懂她在說什麼，只能從她的行為推測應該是掮客。雖然不想支出額外花費，但我已經被曬到快要中暑，無奈之下只好接過安全帽坐上車。

她連續帶我看了幾間渡假村和星級旅館，但都被我否決，我拿出皮夾苦笑表示自己很窮，她歪著頭想了一會，再次發動摩托車把我載到一間汽車旅館。這邊乾淨寬敞又便宜，我開心地跑去櫃台登記入住，轉過身準備跟她討論傭金，沒想到她看我非常滿意，便發動摩托車掉頭騎走，我連道謝都還來不及，只能呆愣地站在原地。

——

傍晚沿著河岸散步，看到一位蹲在地上切椰子的婦女，覺得有趣便停下腳步，她注意到我在旁邊觀看，微笑著遞來一顆剖好的椰子，我受寵若驚地想跟她聊天，無奈她英文不好，沒聊兩句就詞彙用盡，現場一陣尷尬，這時我靈機一動拿出相機給她看前幾天在曼谷的照片，她充滿興趣地翻看相簿，指著泰皇的圖片興奮大叫。

喝完椰子水後我準備離開，婦人突然說了一大堆話，比手畫腳夾雜英文我才明白她在水上市集賣椰子冰淇淋，說明天如果我們有緣見面要請客。這樣的熱情讓我招架不住，只能感動地點頭道謝。

隔天清晨我前往水上市集，人們稀稀落落划著獨木舟在河上交易貨物，這樣冷清的畫面讓我有些失望，在我想像中的水上市集，船隻應該密密麻麻擠滿整條運河，我意興闌珊地看著人們買賣食物和日常用品，決定去附近散散步再回來。

幾小時後我回到這邊，觀光客的遊船與販售紀念品的店家把整條運河塞得水洩不通，畫面確實壯觀。但我突然意識到眼前的景象非常虛假，清晨那個觀光客還未湧入的水上市集才是真的，老照片中當地人塞滿河道交易的畫面早已成為歷史。

我靜靜地坐在河邊，突然看見遠方有人向我揮手，是昨天請我喝椰子水的婦女；她划船過來拿了一球椰子冰淇淋給我，我感激地收下這份禮物，心頭甜滋滋地道謝。這時覺得自己想在這個小鎮獲得的感動都已滿足，沒有繼續待下去的理由了，吃完冰淇淋便悠哉地散步回到鎮上，跳上返回曼谷的巴士。

丹嫩莎朵的水上市集，觀光客還沒抵達前只有稀稀疏疏的當地人

下巴士前我還在用手機聽音樂，離開時裝手機的口袋卻已空空如也，我跟路人借電話打給自己，手機卻已經被關機，整個過程才不到五分鐘。我手足無措地站在原地，不知道是否該繼續等待，因為只要離開現場，就意味著永遠和那支手機裝載的回憶訣別。

站務員看到我幾乎快哭出來，掏出手機借我向認識的人求救。我翻開筆記本，打給之前帶我去曼谷老城區的泰國朋友沙立，他安撫我叫我先去他那邊冷靜一下，我剛好需要一個避風港讓我思考接下來的路，便取消下午的行程，搭乘捷運前往他家。

整晚我都縮在沙發上，無助地上網搜尋著各種失竊案例，越發懊悔自己的不小心，如果下車時慢慢打包好再離開就不會讓小偷有機可趁、如果手機有設定密碼就不用擔心個資外洩。對自己的指責讓我幾乎失去往前的勇氣，甚至開始萌生買機票回台灣的念頭，雖然只是搞丟一支手機，這件事卻讓我切身感受這個世界並不安全，我不確定粗心的自己未來還會遇到什麼危險。

我目光渙散地癱軟在沙發，洩氣地盯著電腦螢幕，午夜十二點的鐘聲剛響起，沙立突然把電燈關掉，接著從廚房端出一個蛋糕。我又驚又喜地看著他笑盈盈的面孔，才想起今天是我的生日，連我自己都忘記這件事，我不知道他到底怎麼知道。

「我知道你是水瓶座，就先上臉書查了一下你的生日，你以為你過生日我會沒有準備嗎？」沙立邊說邊點起蠟燭，這時我的緊繃情緒稍稍緩解，終於忍不住哭出來。

真實

這個國家的一切似乎剛好只為滿足每個人基本的生理與精神需求，不多不少。

新加坡

Republic of Singapore

女友的航空公司駐點在新加坡，原本我計畫沿著馬來半島搭乘巴士一路往南，看看馬來原住民、中國和印度商人、英國殖民者在這片土地上衝突和合作所留下的痕跡，把新加坡當成東南亞旅行的終點站。但手機被偷這件事讓我暫時失去旅行的勇氣，我買了張便宜機票作弊似地飛往終點找她。

然而我不喜歡新加坡，我在這裡幾乎無時無刻都被強烈的焦躁感圍繞，雖然她乾淨、整齊、有秩序，我卻感受不到庶民生活的熱度與力量。她是赤道附近的熱帶國家，給我的觸感卻異常冰冷。

我借住女友租在機場附近的組屋，第一晚回家便迷路，連續詢問幾個附近居民，竟然沒有人知道女友的組屋該怎麼走。大概因為每棟組屋除了編號長得幾乎一樣，人們沒有動機認識自己的社區，於是生活範圍侷限在組屋、美食街和車站，彷彿整座城市只有點和線，而不是完整的平面。

新加坡像是人工設計出來的國家，不只組屋長得很像，美食街賣的東西也幾乎完全相同。有一天我搭著捷運到島嶼西邊另一個住宅區閒晃，竟然產生回到女友居住社區的奇異錯覺。

這幾天我無所事事地逛著這座城市，強烈的一致性和不真實感讓我有些不知所措，清真寺和印度廟像是遊樂園的仿冒品，如同玩具一樣的克拉碼頭讓我意興闌珊。無論住宅、美食街、寺廟或觀光景點，這個國家的一切似乎剛好只為滿足每個人基本的生理與精神需求，不多不少。

這天女友放假帶我出去，儘管愛人陪在身邊，依然彌補不了這座城市給我的乏味感覺。

我們漫無目的地在小印度區閒晃，不知為何我一時興起拉著她的手走進印度廟；這間廟宇外觀雖然像玩具，裡面的景象卻讓我們呆站在原地說不出話。祭司呢喃吟唱並揮灑白粉，炙熱的燭火和繚繞的香煙充斥祭壇，虔誠的人們匍匐在地板祈禱。

這是我首次在新加坡感受到心臟被一股力量重重撞擊的感動，無論外表多麼虛假，人民的生活永遠真實，我竟然幼稚到以為自己接觸的皮毛就是這個國家真正的模樣，我為自己的愚蠢感到羞愧。

離開印度廟以後，我牽著女友散步到濱海灣花園，雖然嘴巴上沒有刻意提到，其實我相當懊悔，怎麼可能有人的生活會是「不真實」的呢，就算「不真實」也是人們真實生活的樣貌，是我被強烈的主觀偏見限制，以至於失去好好認識這個國家的機會。

我回憶這幾天在新加坡，大部分時候都在沮喪手機失竊這件事，對旅行本身也是興趣缺缺，沒有用心才會覺得這座城市不真實而無法盡情享受。

我們散步到濱海灣花園的高台，這時新加坡河的彼岸突然放起煙火，迸發的閃爍花火、巨型的藍色光塔、金沙酒店發散的雷射光，交織出一幅絢爛畫面。女友像是感應到我的想法，握緊我的手並把頭湊到耳邊輕輕說：「過去的事情再想也不會改變，現在先陪我享受這一刻！」

南亞
流浪的足跡

鐘聲

彷彿掉進時光隧道，時間被某種力量滯留，一千年前這個城市的人們也是用相同方式在生活吧。

加德滿都

Kathmandu

在女友家又待了幾天，直到重新燃起旅行的勇氣與熱情，我才搭飛機來到尼泊爾首都加德滿都，此處緯度和台灣相似，但位在喜馬拉雅山中，涼爽的氣溫讓剛從熱帶島國飛來的我相當不適應。

抵達尼泊爾的第一天，因為時差影響我醒得很早，待在旅館無事可做，便拎起厚重的外套，出門想認識自己居住的塔美爾區。

清晨六點是遊客還沒醒來的時間，這時老城區只有生活在當地的居民，我走在沒有鋪設柏油的碎石路，看著磚造民宅和席地而坐販售蔬果的攤販，人們用柴火煮著香料奶茶，或騎乘三輪車運載貨物往返各地，有一瞬間我突然覺得自己像是回到中世紀，漫步深藏在喜馬拉雅深山中的國度。

尼泊爾人去廟裡拜拜時會敲一下鐘告知神明自己到來，走在街道只聽見鐘聲此起彼落，隨處可見廟宇、神龕和正在祭禱的人們；我閉起眼睛陶醉在這樣的氛圍，這是個廟比房多、神比人多的宗教王國。

——

下午我跟加拿大背包客柯林一起去近郊爬斯瓦揚布佛塔，我們是昨晚在機場認識的，下飛機時他在走道突然問我是不是來自台灣。我點點頭訝異地看著他，他的表情像是惡作劇得逞，邪惡地笑說他在師大讀了五年書，從行為舉止和穿著，就可以辨認我是台灣人。

登上斯瓦揚布佛塔可以俯瞰整個加德滿都，天氣好時甚至能看見珠穆朗瑪峰，我突然意識到自己正站在藏傳佛教的寺廟中吹著來自喜馬拉雅的風，一股身處秘境的強烈感受充滿全身。

準備下山時整座城市無預警突然停電，我對尼泊爾經常停電這件事早有耳聞。因為缺乏石化能源，豐沛水力又沒有設備、無法用來發電，整個國家電力不足，平均每天約有十個小時不供電，政府會在廣場張貼每日供電時刻表，但即使是在供電時間，依然可能因為電力短缺而斷電。

作家張瑞夫曾用「微光城市」形容加德滿都，此刻感受真是再貼切不過，整座城市只能看見少數有發電機的店家、車燈與手電筒亮光。我從山上眺望加德滿都市區，突然理解為什麼會產生奇異感，這是我第一次看見百萬人口的大都會，卻只有寥寥可數的亮點。

返回塔美爾區的路上，人們在黑暗中移動，必須很靠近才能看見他們走動的身影。我並不是沒有走過無燈的山路，異樣的感覺來自於身邊不會有這麼多路人，彷彿掉進時光隧道，時間被某種力量滯留，一千年前這個城市的人們也是用相同方式在生活吧。

清晨的塔美爾區，
人們坐在家門口販售蔬果

附論：小國外交

我抵達尼泊爾時間是二〇一六年三月初，在此之前這個國家已經忍受整整五個月沒有燃油的困境。大眾運輸工具票價暴漲五倍，甚至有錢還可能搭不到車，因為尼泊爾的燃油幾乎全部從印度進口，而印度從二〇一五年九月底開始停止輸入油品，藉以抗議尼泊爾新憲法的行政區劃設方式。

這場經濟制裁絕對是赤裸裸的干預內政，經濟高度依賴印度的尼泊爾毫無反擊之力，只能匆忙向中國求救；雖然成功和中國簽訂進口協議，卻因為缺乏油管無法大量運輸，燃油問題仍未解決，而同時印度又展開新一波的經濟制裁——停止輸入藥品，接二連三的貿易攻擊終於迫使尼泊爾再次修憲。

尼泊爾對於貿易攻擊毫無招架之力，凸顯的問題就是整個國家太過於依賴印度。兩國雖然語言和宗教相似，自古以來關係良好，但發生直接的利益衝突時，這個小老弟因為沒有其他退路，只能成為印度盤中的魚肉。

靠著單一大國生存，這是小國外交最大的危機，因為對於大國的要求幾乎無法拒絕，台灣也曾經面臨相同困境。由於旅遊市場過度依賴中國，就被中國政府以限縮遊客的方式逼迫承認九二共識，幸虧當時有韓國和東南亞的觀光客填補市場空缺，我們才撐過那段寒冬。

尼泊爾雖然在跟印度衝突後轉向中國，但鋒頭上若中國大力援助就可能會和印度撕破臉，因此中國的表態相當緩慢保守。加上之前未曾合作，想要輸送援助物資也沒有油管或平坦道路，可見國際政治在承平時期的布局相當重要，而尼泊爾政府也需要反向思考，若這次衝突的結局演變成經濟過度依賴中國，未來也很可能遭到中國干預內政。

尼泊爾位在中國和印度交界，作為兩國的軍事緩衝地帶，明明可以左右逢源獲取利益，卻因為過度偏向印度而遭欺；同樣位在中國、日本、美國、東南亞國協交界，位處要衝的台灣，是否能以尼泊爾的遭遇為借鏡，去制訂我們的外交政策，避免因為小小的現成利益而偏重某國呢？

#雪山

過去我一直不明白為什麼綠色代表江河，直到我看見山腳下那條祖母綠顏色的河川在劇烈鼓譟。

安娜普娜環線

Annapurna circuit Trek

柯林來到尼泊爾是為了去安娜普娜健行，拜訪居住山中的藏人、看看喜馬拉雅的雪峰和高山湖泊，這個計畫聽來相當有趣，我浪漫地想像自己在世界之巔探訪秘境的模樣，跟他討論過後，我們決定一起結伴上路。

開始健行的第一晚，才意識到自己低估了這趟行程的難度，原本以為睡覺時只要把全部衣服穿上就足夠應付山裡的寒冷，因此我沒有另外租保暖設備，結果才走到海拔一千六百公尺，睡覺時就被凍醒好幾次，我狼狽地在山屋附近的工具堆找到一塊防水布，把它捲成一綑塞滿報紙充當睡袋，才勉強度過一晚。

隔天早上我跑到村莊裡的雜貨店買了睡袋，這個問題不難解決，卻讓我知道登山不是可以靠賭氣完成的事；這種惡劣環境必須隨時思考下一步，不能亂開玩笑，依舊走一步算一步的話，會連怎麼死的都不知道。

我們平均每天走三十公里的山路，大約是台北到中壢的距離。柯林買了一張安娜普娜地區的地圖，上面標示著許多藏民村莊，規模比較大的聚落都可以找到餐廳和民宿；沿途我們在這些村莊購買補給品，價格比加德滿都貴上五到十倍，但想到他們必須用驢車把物資運上山，便覺得這樣的售價依然合理。

有一次我向民宿老闆半開玩笑地說：「如果你提供免費住宿，我們就在這邊吃晚餐和早餐。」沒想到對方立刻點頭答應，這些村莊實在太過貧窮，只要有錢賺即便要求不甚合理也會接受，這對我和柯林而言是一大福音，從此以後我們每天如法炮製，再也沒有搭過帳篷。

安娜普娜地區的人們習慣在清晨燃燒松香，那個味道除了提神也能驅趕蚊蟲。我每天在這個味道中醒來，推開房間大門，便看見白煙從矮石牆後方裊裊上升，慢慢消失在湛藍天空。

由於受西藏影響很深，這邊的村落都可以看見喇嘛廟和轉經輪，我還在路邊看見過荒廢的貢巴（Gompa），那是一種結合修道院和軍事堡壘的西藏建築。它佇立在峭壁，我和柯林手腳並用爬岩壁，抵達貢巴門口時已經氣喘吁吁，高處的強風更讓我們難以站立，我好奇要怎樣的堅定信仰才能讓人搬著石塊，在這樣的高處建造宏偉的宗教建築。

從貢巴頂端俯瞰山下的金色草原，氂牛自在漫步其上，江水從遠方雪山綿延而下；我身旁掛著五色風馬旗，藍是天空、白是雲朵、紅是火、綠是江河、黃色是生養我們的大地。過去我一直不明白為什麼綠色代表江河，直到我看見山腳下那條祖母綠顏色的河川在劇烈鼓譟。

我和柯林繼續深入山區，有天經過一個種滿蘋果樹的村莊，意外在這邊喝到這輩子喝過最美味的蘋果酒。濃濃的蘋果香摻著醉人的酒感，味道和感覺完美地合而為一，我被這酒迷住了，便用空寶特瓶裝了整整一公升，因為女友下個月要飛德里，我想在見面時讓她品嘗。

「你可以驕傲地跟她說，這是從喜馬拉雅山扛下來的味道哦。」柯林聽完我的想法一邊偷笑一邊說。

——

海拔超過三千公尺以後，低壓和缺氧逐漸影響我的身體，平地我可以輕鬆地和柯林邊走邊聊天；現在卻沒走多久就開始喘氣，四肢也很容易疲憊，柯林經常需要減慢速度等我，這讓我們開始擔心起攻頂前的最後一段路。

因為山上太過寒冷無法露營，攻頂前最後一晚我們只能住在基地營山屋，而營地距離山頂有一千公尺落差；另外，日出後山裡天氣變幻莫測，沿途遇見的登山客都說必須在早上十點前翻越山頭，否則很可能會遇到暴風雪。

這表示攻頂當天我們必須凌晨摸黑出發，這時將會冷到難以想像，要在這樣的氣溫重裝攀升一千公尺、再陡降兩千公尺抵達最近的藏民村落，我懷疑自己的體力有沒有可能完成這件事。與柯林討論過後決定先在位於三千五百公尺一個藏民村莊稍微停留，除了讓身體適應高原環境，也連續兩天攀爬附近小山訓練體力。

兩天後我們繼續往上走，終於抵達位於海拔四千五百公尺的基地營，剛走進餐廳便感受到一股違和的悠閒氣氛。有人躺在火爐邊看書喝茶、有人圍著桌子玩橋牌，這裡完全不像海拔四千五百公尺的喜馬拉雅山，反而更像某間青年旅館的交誼廳。

我和柯林走到玩橋牌的桌旁觀戰，剛獲勝的是一對法國情侶，我們簡單自我介紹後便坐下，向櫃台點了兩杯熱紅茶，接著拿出昨天跟藏人買的氂牛起司當茶點。

「為什麼大家都看不出來興奮或緊張的情緒？」我好奇地詢問。

「我想對於很多登山客而言，他們追求的是攻頂那一瞬間征服群山、超越自己的感受，相較之下過程反而沒有那麼重要，因此攻頂前夕他們的心情也不會跟平常差太多。」

那個法國男生回答。

活著

我是多麼不自量力，以為自己可以征服這座山。

安娜普娜環線

Annapurna circuit Trek

眼前是一座巨大斷崖，五十公分不到的路寬積滿白雪，被其他登山客踩成了巨大滑冰。我的右腳踏在冰路那一瞬間，立刻往斷崖邊滑去，重心不穩跌在碎石路上，我呆愣坐在地上看著眼前道路，心臟怦怦怦跳得好快。

「我會死在這裡！」昨天贏了橋牌的法國女生哭出來，我記得她說自己住在馬賽，這輩子還沒看過雪，因此很不習慣在雪地行走。

「我們必須快點通過，太陽出來後山上很容易出現暴風雪，風現在從後方吹來，晚一點下山就危險了。」柯林在前方對著我們大叫。

我抬起頭看向天空，果真有幾片巨大烏雲逐漸成形，也管不得氣溫是零下十五度，我直接坐在冰面，雙手抓著還沒變成冰塊的積雪慢慢挪動屁股往對岸滑去。柯林看到我這副慘狀，很有義氣地走回來抓起我的登山包扛上肩頭，示意我加快速度。

「像個男人一樣站起來，跟著我一起走！」法國女生的男友把她護送到對岸後，走回來抓緊我的肩膀說。

他走在懸崖外側扶著我，力量隨著手臂傳入我的身體，我一步一步慢慢走向對岸，突然雙腳一個打滑，重心不穩身體朝著懸崖那邊歪過去，幸好那個法國男人及時把我推回。

「走快一點，慢慢走才會重心不穩！」法國男人著急大叫，我的大腦一片混亂，也無法冷靜分析他的話有沒有道理。想著只剩十餘公尺的路程，我把心一橫站起、快步往對岸跑去，才終於離開這段冰路。我踩在礫石路喘著氣盯著自己走過的路，腎上腺素開始消退，這讓我意識到剛才的舉動有多危險，家人和女友的臉龐在腦中浮現，我恐懼得幾乎無法站立。

我是多麼不自量力，以為自己可以征服這座山。

——

儘管之前有過連續兩天單日攀升一千公尺的訓練，但在海拔五千五百公尺的高度，背負二十公斤重裝爬山完全不同。這幾乎超出我的體能極限，我氣喘非常嚴重，加上肺部發炎，每走幾步路就要停下休息。

我拿出水壺想要喝水，卻發現水結成了冰，我感覺不到手指與腳趾，皮靴外結滿白霜，防風面罩布滿我吐出水氣後結成的冰，把臉頰凍得好痛，我索性摘下丟進背包。

太陽出來後天氣變動得非常迅速，上午十點不到天空中已經烏雲密布，柯林說暴風雪即將來臨不是在開玩笑，移動太慢真的會死在山上。儘管已經筋疲力竭，我還是喘著氣掙扎往前走。

因為嚴重缺氧，大腦早就沒有更多念頭，只剩下對死亡的恐懼在支配身體。走在前面的柯林早已不見蹤影，他的興趣是極限運動，加上在加拿大山中長大，攀登雪山本就是專長，我的身邊剩下那對法籍情侶，強壯的男人拄著登山杖扶著女友一跛一跛地走。

前進，前進，喘氣，前進，前進，喘氣。

我不知道前路還有多遠，每當爬到山的頂端，眼前就會出現一座更巨大的雪峰，我和法籍情侶咬著牙繼續往前，冰雪隨著強風吹在我們臉上，就在幾乎失去信心的同時，我看見遠方隱約出現一堆石塊和五色風馬旗，柯林正坐在石堆上休息，他張開雙臂滿臉笑容走下來。

「我以為你會丟下我們，我好怕自己死在這裡。」女生看見柯林便哭紅眼睛、用沙啞的聲音哽咽著說。

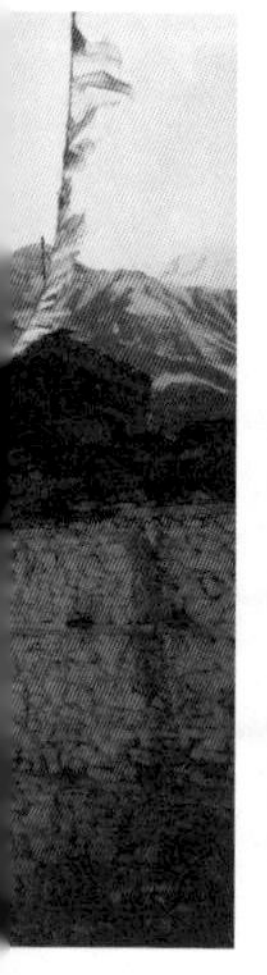

「別擔心，現在我們已經征服這座雪山了！」柯林維持著一貫笑容說。

攀爬安娜普娜環線，從中海拔到高海拔，壯闊的大地風貌變化萬千

保護罩

「瓦拉那西本來就沒什麼景點，到這邊是來看人的！」

瓦拉那西

Varanasi

「你們的目的地是哪裡？」在開往瓦拉那西的巴士上，我閒著無聊和隔壁乘客聊起來。

「我們要去大吉嶺渡假。」一群年輕護士興奮地告訴我。

「我要回帕特那老家過荷麗節。」旁邊一個穿西裝的年輕人說。

越聊我的臉色越難看，無論大吉嶺或帕特那都是往東，然而前往瓦拉那西的巴士應該要往南才對；我想到剛才在轉運站發生的事，才意識到自己早已踏入圈套。

「不愧是印度騙子。」我苦著臉啞然失笑。

結束安娜普娜健行，我在終點站波卡拉待了幾天，每天清晨都到翠綠的湖濱散步，讓霧氣和鳥鳴治癒身體疼痛。直到體力恢復，我才告別柯林往南前往印度，想在荷麗節前抵達恆河邊的聖城——瓦拉那西。

我在兩國邊境的巴士站尋找開往瓦拉那西的車，這時一個掮客晃過來詢問目的地，聽完後急忙拉著我跑向一台即將駛離的巴士，說那班車會前往瓦拉那西。我感覺有詐便甩開他的手，他露出不可置信的表情，說如果我不信任他可以自己去問，接著伸手指向旁邊寫著「售票處」的木板。

我帶著疑惑跟著走向售票處，裡面一個大鬍子男人面無表情看著我，說剛才那班車確實會去瓦拉那西，但馬上還有另一班車要去，接著裝模作樣地拿出空白票券寫上「瓦拉那西」的字樣還有價錢，我看著那個數字，是我在網路上查到價錢的兩倍，於是搖搖頭，拿起原子筆把那個數字劃掉。

「你不快點，車子馬上就要開了。」他指著另一輛正在發動引擎的巴士說。

這種價錢擺明就是詐騙，我鐵了心站在原地不理他，幾分鐘以後他終於嘆口氣投降，重新寫了一個數字，是我查到價格的一倍半，雖然明知這個價錢他一定有撈油水，但還在可接受範圍內，於是便掏出鈔票。

付完錢他叫掮客帶我去搭車，當下我疲憊得沒有察覺不對勁，等到和周遭的人開始聊天後才赫然想到，從兩國邊境到瓦拉那西又不是熱門路線，怎麼可能短短十分鐘就有兩輛巴士出發。

結果沿途我好幾次被趕下車換搭其他巴士，短短三百公里路程竟然搭了整整二十小時，加上昨天喝了一杯不乾淨的果汁，肚子痛得非常厲害，我倒在座位奄奄一息，用僅存的意識分析到底發生什麼事——那個售票員應該也是掮客偽裝，他們聯合起來把我騙上任何一台車，沿途遇到正確方向的巴士再把我轉賣，難怪價格會這麼硬。

—

折騰到瓦拉那西已經是凌晨四點，這個時間點抵達任何地方都非常不妙，因為旅館老闆會趁著旅客別無選擇獅子大開口。我滿腔怒火地走下巴士，已經有了覺悟，若找不到合理價格的住宿我寧願睡在恆河邊，總之絕不讓這些騙子再削我一筆。

剛下車便看見成群的嘟嘟車司機、腳踏車夫、掮客蜂擁而上，大概是感受到我的殺氣，不到一分鐘就全部被我用連珠炮髒話罵到落荒而逃。在熱鬧的瓦拉那西轉運站，成群掮客遠遠看著我，竟然沒有人敢靠近，我走上前和一個嘟嘟車司機達成協議，讓他用十五盧比送我到恆河邊。

嘟嘟車奔馳在夜色，很快便到達恆河河階，我從皮夾裡掏出十五盧比，沒想到他直接把錢摔在地上，嚷著價格是一百五十盧比（約台幣七十元）。

「你這個騙子，給我滾！」這時的我怒氣已經逼近臨界點，撿起地上的十五盧比塞回皮夾，接著抽出在尼泊爾買的廓爾喀彎刀指著他的鼻子，他大概沒預料到這個東亞人這麼蠻橫，嚇得急忙跳上嘟嘟車開走。

——

雖然後來順利找到旅館，但我對印度人的不信任感已經到達頂峰，彷彿產生了一個防護罩，隔天在路上呼喚我的人全被我用大量髒話回應，他們被罵過以後都安靜地退到旁邊不再打擾。

一整天便足以走過瓦拉那西幾個著名河階和神廟，下午我有些無聊地坐在旅館頂樓和日本背包客柳二石橋曬太陽聊天。

「好無聊哦！我們出去散步吧！」柳二伸了懶腰轉過頭對著我說。

「可是要去哪裡，每個景點我都看過了。」

「瓦拉那西本來就沒什麼景點，到這邊是來看人的！」

我對他的話一陣錯愕，柳二順勢把我拖出旅館大門，果不其然馬上就被一大群無所事事的閒雜人等包圍，正當我準備開始對他們罵髒話時，柳二笑著抬起手阻止我。

「給我喝你的可樂。」一個小孩對柳二說。

「這是我的尿，我腎臟有問題才變成黑色，你喜歡喝尿？」

「我打賭你不敢從這邊跳下去。」另一個小孩蹲在高塔上對著柳二大叫。

「我敢啊！可是你要先示範給我看。」

「跟我買東西吧，我是穆斯林不會騙人！」一個掮客說。

「聽說穆斯林都有割包皮，你先把褲子脫下來驗明正身。」

瓦拉那西的河階，
人們浸泡在聖河中沐浴

儘管彼此都心知肚明，這些人跑來跟柳二交談目的就是為了撈油水，但這樣的互動過程其實相當有趣。我看著他們一來一往講幹話幾乎笑出來，同時也開始自我反省，隨時都對別人展開防護罩，雖然可以減少被騙錢的機會，但同時也錯失了最有趣的風景。

我在旁邊看著柳二跟這些印度人互動，結果那個掮客竟然真的把褲子脫下來，柳二大笑著跟他去買東西，同時回頭對我比了個勝利手勢，隔天我們發現他買的香菸比外面貴了二十盧比（約台幣九元）。

「這個價差就當作是在花錢看秀，這點錢你在台灣也不會在意，幹麻這麼認真呢？」柳二邪惡地笑著說。

附論：澎湃的小劇場

印度騙子的手段充滿創意，因為他們是個浪漫的民族，腦中隨時都在播放各種小劇場，把這些天馬行空的想法用在騙人，才會如此新奇卻也令人又愛又恨。略過這些騙子，會發現印度人的個性其實相當可愛，我在孟買的沙發主夏那瓦茲就說過：「印度人的腦中不停上演著一部又一部寶萊塢電影。」

這樣的小劇場體現在拍照這件事，印度人超級喜歡在路上隨便找外國人合照。仔細觀察會發現跟他們拍照同時，對方腦中正在經歷各種精采刺激的冒險；合照對象的身分背景並不重要，這只是提供印度人幻想的素材，盡情天馬行空，或是跟朋友吹牛唬爛。

每當到了博物館，往往發現沒有任何印度人在看展品或介紹，他們只是興奮地輪流跟每個展品合照；在逛夜市時我也注意到，會有攤販提供各種奇怪的布景或道具讓人拍照，而消費者半數以上都是成年人。

有了這些觀察，當我在搭車時跟印度人聊天，他拿出手機展示照片，聲稱裡面合照的日本女生是他女友、德國男生是他結拜兄弟，他們一起打敗某個邪惡組織拯救了女友，還在一個看起來像是博物館展示櫃的地方發現了寶藏，也就見怪不怪。

當然這樣的浪漫性格也有不那麼可愛的時候。在印度旅行的外國女生總是抱怨著層出不窮的性騷擾，有人把這個現象歸因於印度的女權低落。但我卻不認為這麼單純，因為人們總是說印度有三個階級：「外國人、印度男人、印度女人」，印度雖然女權低落，但對於外國女生還是保有一定尊重。

我遇到許多外國女生都說在印度被亂摸、偷拍、跟蹤時，只要大聲喝斥，印度男人往往會嚇得立刻道歉，假如性騷擾的發生是單純因為女權低落，對方不會出現這樣的反應，因此我認為對外國女生的性騷擾還參雜其他原因。

而這個原因就是他們腦中的小劇場，這個國家直到現在依然鮮少能自由戀愛，男人不懂如何追求女人，也無法判斷女人的心思，只能任憑想像力發揮，才會有那麼多充滿戲劇性的追求方式出現，畢竟他們剛看到喜歡的女生一眼，腦中就已經開始和她跳起寶萊塢舞蹈了。

腐爛

恆河邊有好幾個火葬場，許多印度教徒千里迢迢跑來瓦拉那西等待死亡，希望自己的肉體能在這條聖河邊消逝。

瓦拉那西

Varanasi

那天清晨在恆河邊散步，突然發現河階臥倒一具屍體，身上白布半掩、臉上凹陷著黑色窟窿，往前靠近一看，成千上萬隻小蟲在黑色窟窿中密密麻麻亂爬，一股濃烈臭氣撲鼻而來，那是死亡的味道。

在瓦拉那西生活一個星期後，我熟悉了這樣的氣味。

柳二只在瓦拉那西待兩天，接著動身前往阿格拉，他離開以後我在旅館中更顯孤單。其他住客幾乎都是法國人，他們連用英文跟我打招呼都嫌麻煩，每天聚集在旅館中庭抽大麻、用法文大聲談笑。

瓦拉那西禁酒，我不知道這些人從哪裡用寶特瓶買來一瓶瓶酒精，每天醒來就聚集在旅館中庭抽大麻和喝酒。大老遠跑來印度只是為了這裡的便宜酒精和大麻，這樣的頹廢逼得我快要窒息；我打算離開，卻發現因為荷麗節，開往各方的火車都候補到數百號，沒有提前訂票根本動彈不得，無可奈何我只好繼續待在這座城市。

恆河邊有好幾個火葬場，許多印度教徒千里迢迢跑來瓦拉那西等待死亡，希望自己的肉體能在這條聖河邊消逝。由於待在旅館無所事事，有時我會散步到火葬場，靜靜看著一具具屍體被家屬抬過來清洗和焚燒。

皮膚在火焰中慢慢剝落，露出烤成白色的肌肉，黃色屍水從裂開的肌肉噴出，四肢慢慢被燒斷，腦漿從破碎的頭骨傾瀉流出，死者的臉龐逐漸乾癟焦黑，焚燒過程中不停散發濃濃煙霧，這的確是死亡的氣味。

看著人們小心翼翼呵護的軀體，被燒屍工人用竹竿敲成碎塊，在熊熊烈火中逐漸變成一坨白灰，我有些恍惚地坐在河邊。

——

雖然沒有向旅館老闆確認，但我懷疑瓦拉那西所有自來水都是從恆河汲取，我在洗衣時裝了一桶水，發現是看不見底部的黑褐色。我每天刷牙時都會想像嘴巴裡漱口的水，混雜著人們的屍體灰燼，還有信徒清晨在恆河邊沐浴留下的汙垢和糞尿。

在這種衛生條件下，任何一點傷口都會導致細菌感染，我攀爬喜馬拉雅山時在手臂留下的小擦傷，漸漸開始化膿。我突然想起柳二說過，他覺得在瓦拉那西最好的清潔方法，就是每天不洗澡。

三月底的印度開始進入熱季，午後高溫可達四十度，腐爛的味道伴隨悶熱暑氣從窗外傳來。在那樣的氛圍下，連過動的我也昏昏欲睡，常常跟宿舍的人們一起倒在床上，但是又睡不著，因此大家也只是眼神空洞地望著遠方，那個畫面和氛圍像極了安寧病房。

睡在隔壁床的韓國背包客從我入住第一天就嚷著要離開瓦拉那西，但直到我著手打包，他還是倒在床上。

「好悶熱哦！」

「今天我也不想出去。」

在瓦拉那西待了一個星期以後，我的身體也開始散發出死亡的氣味。

附論：神的故事

瓦拉那西是印度教的聖城，在恆河邊的每一天，都可以目睹生老病死等人生各個階段流轉。關於這條河的由來有個獵奇的傳說，是濕婆神和老婆帕瓦蒂做愛時，不小心射精射太多，結果精液流出帕瓦蒂的陰道，沿著喜馬拉雅山蔓延到印度大地，形成滋潤萬物的恆河（備註1）。

我把這個故事講給一個外文系朋友聽，他說非常有趣，因為神話是古代人的世界觀。濕婆老婆的名字「帕瓦蒂」有自然的意思，濕婆和祂做愛流出精液變成恆河，象徵神性與自然結合孕育萬物。

從上面的故事不難發現印度教是個陽具崇拜的宗教，我在恆河邊散步時，經常看見路邊擺放被稱為「林伽（Lingam）」的雕像，其形狀像是一個碗公倒扣在石磨上，人們跪在地上用額頭輕觸。我好奇地詢問旁人這是什麼，結果對方一邊憋笑一邊指著自己的老二，由於印度人腦中的小劇場太過鬼靈精怪，我不知道該不該相信，回到旅館後上網查詢，才發現他並沒有唬爛我。

相傳梵天和毗濕奴有次在爭執誰才是力量最強的神，吵到一半突然看到身邊有根散發熊熊烈火的圓柱，祂們分別向上和向下飛行，過了一千年依然看不到盡頭；後來聽說這根圓柱就是濕婆的老二，從此祂們同意，濕婆才是世界上力量最強的神，而濕婆的陽具也因此成為信徒敬拜的對象。

我一直覺得這個神話聽起來有點幼稚，因為老二最大所以力量最強，真的很像是小學生對罵。

濕婆和帕瓦蒂最著名的孩子是象頭神迦內薩，迦內薩出生時原本有顆正常的人頭，後來因為濕婆長年不在家，回來時不認識自己的兒子，以為那是帕瓦蒂的偷情對象，憤而砍下迦內薩的頭。發現自己鑄成大錯以後，濕婆趕緊出門砍下路邊隨便一隻動物的頭裝在迦內薩身上，才讓其變成象頭神。

濕婆、帕瓦蒂、迦內薩一家是印度教最多人祭拜的神祇，旗鼓相當緊追在後的則是毗濕奴和祂的轉生。毗濕奴的任務是守護世界，每當人們遇到困境便會轉生下凡救苦救難，祂總共有十次轉生，每一次都是精采的故事，其中最令人津津樂道的便是化身為羅摩帶著猴神哈奴曼打敗魔王，而這段神話後來也變成《西遊記》的原型。

我相當好奇，過去在高中課本中讀過的印度教三大主神，創造之神梵天、守護之神毗濕奴、毀滅之神濕婆；在印度旅行的這些日子，看過無數的濕婆和毗濕奴神廟，卻從未看見有人祭祀梵天。

在前往齋普爾的火車上，我和一個英文流利的青年聊天，問他為什麼印度沒有人祭拜梵天，結果他竟然回答：「因為濕婆會破壞我們很敬畏祂、毗濕奴會守護我們需要攏絡祂，可是梵天只負責創造，創造完以後，這個世界就不關祂的事了，所以沒必要祭拜。」

這個回答讓我瞠目結舌，我以為印度人是個浪漫民族，現在卻說出這麼勢利的話，印度人，說到底我還是不懂你們啊！

備註1

曾經在對岸網站看過有人說這則神話是謠言，印度並沒有這樣的傳說，但我也在百科全看過相同故事，所以對印度是否真的有這則神話持保留態度，畢竟印度教神話的版本也相當多。

每天晚上在恆河邊祭祀的祭司

摔下

巨大聲響在耳邊轟隆轟隆，側過頭才發現火車就在身旁的軌道，只差半公尺就要把我輾過去！

馬哈布巴巴德

Mahabubabad

「我要睡覺！給我滾下去！」又一個印度人爬上我的床位，把我從睡夢中吵醒，我憤怒地大叫、用腳踹他。

許多印度教徒都希望能在恆河邊度過荷麗節，因此節後離開瓦拉那西的火車完全客滿，連續幾天跑車站，才排到一張開往南部大城海德拉巴的車票。雖然海德拉巴不是觀光重鎮，但我不管目的地，因為察覺到自己竟然開始在墮落與頹廢中感到快感，我意識到必須盡快離開。

遇到買票困境的人不只有我，許多買不到車票的人偷偷上車，印度國鐵對他們也是睜一隻眼閉一隻眼，因此整輛火車人滿為患。從我搭上火車開始，便不停有沒買票的印度人鑽進我的床鋪，已經不夠我伸展全身的狹小位置，見縫插針的印度人依舊有辦法塞進身軀。

印度是個人與人沒有距離的國家，他們不懂既然還塞得下，為什麼我不願意跟他們共享床鋪。總以為我用腳踹只是翻身時不小心踢到，通常得等到我出聲趕人才願意離開。

不停爬上床的印度人非常煩，這時我靈機一動，學習殖民者拉拔特定族群分化統治的手段，分出部分床位給一個外表凶悍的大叔，讓他幫我驅趕其他想爬上來的人，果然這招非常有用，火車旅行後半段都沒人來煩我。

雖然是將近四十小時的車程，但打開窗戶吹著來自德干高原的風，欣賞外面的人和

擁擠的印度火車，連行李架都睡滿了人

風景，整趟旅程還不至於無聊，而且幾乎每十分鐘就有小販提著令人匪夷所思的商品經過，觀察這些商業活動也很有趣，比如我就完全無法理解為什麼有人會想在火車上購買玩具塑膠小雞。

在火車上睡了兩晚，算算第三天清晨即將到站，由於印度火車不會報站名，每次靠站我都必須走到門口看看是不是目的地，結果意外就這樣發生。當我在門邊往外探頭，後面突然一陣騷動，賣奶茶的小販打翻了熱牛奶桶，因為太過擁擠，混亂中我竟然被人撞出車門！

落地那瞬間我只感覺一股猛烈撞擊，完全沒有疼痛感，巨大聲響在耳邊轟隆轟隆，側過頭才發現火車就在身旁的軌道，只差半公尺就要把我輾過去！

站起來以後我虛弱地往前走，卻發現火車沒有要停下來，猜測也許這邊會過站不停，於是我忍著疼痛開始奔跑，感覺全身無力，加上車門距離地面有段距離，火車行進中我沒把握能跳上去，情急之下我大喊那個凶悍大叔的名字，他從車窗看見我，反應相當靈敏地把我的背包丟出來。

我奮力撲向自己的背包，意識到安全以後，右膝的劇痛開始浮現，我喘著氣臥倒在軌道邊，再也無法站立。

——

馬哈布巴德，這個在地圖上幾乎不可能找到的小鎮，沒有網咖也沒有人會講英文，我滿身鮮血地被拋在這裡。

摔下火車時，我的重要物品袋背在胸前，因為是正面墜地，它發揮了緩衝作用，讓內臟沒有受到直接傷害。不過從喜馬拉雅山一路扛下來的那瓶蘋果酒卻因為撞擊而炸開，把手機和相機都浸濕弄壞。

一拐一拐地走出車站，這個城鎮平常大概沒有旅客，人們第一次看見外國人，全部都好奇地圍上來詢問我的名字國籍以及來這邊的目的，完全沒有人要關心我的傷勢，我煩躁地像是趕蒼蠅一樣把這幫閒雜人等驅離，終於在附近銀行找到會說英文的人。

「明天早上才有前往海德拉巴的火車，今晚你就在這邊休息吧！」那個銀行職員扶著我來到附近一間商務旅館，雖然房價非常貴，但此刻我也無法計較太多，急忙掏出鈔票交給櫃台、走進房間。

看著鏡子裡面的我，右臉頰一道撕裂傷，額頭被鐵軌上的硬石撞出好幾個缺口，眼眶周圍布滿瘀青和血痕，眼鏡碎裂，一直保護我的外套和牛仔褲被刮破好幾個洞，我深吸一口氣，鮮血從鼻腔和喉嚨中噴出，劇烈疼痛沿著鼻腔傳進身體，這就是活著。

我拿起用來裝蘋果酒的破寶特瓶，仰起頭把剩下不到一口的酒精一飲而盡，甘甜清爽的味道滑進喉嚨，想到自己意外地被要給女友的驚喜救了命，眼淚不禁流下，當下明明有那麼多事情可以擔心，有沒有內傷、臉上會不會留疤、相機要去哪裡買、明天要怎麼去海德拉巴，但我的大腦卻不停難過女友無法嘗到蘋果酒的味道了。

光影

許多人扛著家當在鐵軌上行走，下車後朝著由鐵皮屋組成的住宅區走去，兩旁都是堆積成山的垃圾和正在翻找食物的烏鴉與野狗。

孟買

Mumbai

「早安，先生，祝您有個美好的一天！」我和柯林走在泰姬瑪哈酒店明亮寬敞的大理石長廊，沿途每名穿著制服的服務生看見我們都會停下手邊動作微笑點頭問安。

豪華的中庭泳池畔，幾個金髮碧眼的白人坐在棕櫚樹下喝酒聊天，隔壁是一間正對阿拉伯海的餐廳，大片落地窗邊有兩桌客人正慵懶地享用午餐，穿白袍戴高帽的廚師在開放式廚房處理新鮮食材，我訝異地看著這間酒店裡的一切，像是進了大觀園的劉姥姥。

受傷隔天我搭火車前往海德拉巴，在醫院靜養四天，直到確定身體無礙以後，我來到這個被形容充滿「瘋狂」與「夢想」的城市——孟買，剛好一起爬喜馬拉雅山的夥伴柯林也旅行至此，我們便相約探索這座城市。

經過印度門時看見這間以奢華聞名的酒店，雖然沒錢住宿，但突發奇想也許可以混進來參觀，當時我們都穿著球衣和滑板褲，看起來一副窮酸樣，但還是硬著頭皮假裝是住客晃進去，大門警衛看見我們兩張外國面孔，竟然沒有驗明身分就鞠躬打開大門。

「外派印度的歐美商務人士都是這樣穿的哦！」柯林惡作劇般地對我眨眼說。

我們走進廁所，門口一個服務生看見我們便鞠躬打開門，另一個服務生站在裡面幫我們拉開水龍頭並遞上濕毛巾，我誠惶誠恐地看著毛巾，尷尬地點頭道謝。

——

距離泰姬瑪哈酒店不遠的馬哈拉錫米有全世界最大的人工洗衣場，赤身裸體的工人在一格格的洗衣池中踩踏搓洗衣服。池水的顏色是鮮豔的青藍或粉紫，洗衣工每天浸泡在這些化學藥物中，衣物洗淨後就掛在旁邊的曬衣繩上飄揚，成為此處獨特的風景，我漫步在由色彩繽紛布匹組成的森林，每個洗衣工看見我都會揮手打招呼。

「最近生意很好，因為印度今年鬧旱災，許多人覺得用洗衣機太浪費水，便把衣服送來這邊洗。」一位洗衣工告訴我。

這是我第二次聽到印度旱災的事，當我從海德拉巴搭車來孟買時，看見幾個印度人爬上行進中的運水車，用水桶在後面偷偷裝水，旁邊乘客告訴我今年印度鬧旱災，這些人如果不偷水喝就會渴死。

「你怎麼會知道這個人工洗衣場？」那個洗衣工好奇地問我。

「我看過阿米爾．罕的《孟買日記 (Dhobi Ghat)》。」我說。

《孟買日記》是講述這個城市不同階級生活百態的電影，題材沉重又沒有歌舞畫面，非常缺乏寶萊塢一貫風格，我不覺得這個洗衣工看過；一提到印度三大影帝之一的阿米爾·罕顯然讓他非常興奮，他叫我坐在原地跑去附近買了香料奶茶回來說要請客，我急忙掏出硬幣要付錢。

「現在你是我的客人，不准你出錢！」他示意我收起皮夾，雖然給洗衣工請客讓我相當慚愧，但我知道這攸關他的尊嚴，於是我雙手捧過茶杯，帶著滿滿的感激喝進嘴裡。

孟買是全印度最現代化的都市，我猜沙發衝浪客比較多，便上網尋找願意接待我的人，想藉此瞭解印度人的日常生活，最後被寶萊塢導演夏那瓦茲收留。他住在孟買北邊的住宅區，這是整個城市唯一有捷運的地方，出門五分鐘就可以抵達沙灘，家裡每天有傭人洗碗煮菜，他和烏克蘭籍藝術家女友租了這間房子，在為新電影《Candyflip》做最後剪輯。

馬哈拉錫米的洗衣場，
洗衣工浸泡在藥物中搓洗褲子

奢華的泰姬瑪哈酒店，
靜謐地座落在濱海大道上

「早上我燉了牛肉，你肚子餓嗎？」夏那瓦茲坐在電腦桌前轉頭問我。

「等等，印度不是禁止販售牛肉嗎？」我疑惑地問。

「有錢要買到牛肉很簡單啊！」夏那瓦茲笑了。

我吃著熱騰騰的香料燉牛肉，右手拿著新鮮的現打芒果汁，躺在沙發和夏那瓦茲講述昨天溜進泰姬瑪哈酒店參觀的經歷。

「你是外國人才會這麼輕易放行，如果是印度人他就會檢查住房證明。」

「這樣啊……」我喃喃自語。

——

孟買擁有全亞洲最大的貧民窟達拉維，將近兩百萬人生活在這個占地不到兩平方公里的區域，電影《貧民百萬富翁》的故事背景也設定在此。我搭乘火車靠近，看見許多人扛著家當在鐵軌上行走，下車後朝著由鐵皮屋組成的住宅區走去，兩旁都是堆積成山的垃圾和正在翻找食物的烏鴉與野狗。

走在達拉維街道還沒有太強烈的感覺，但當我彎進小巷，狹小的空間和高聳的加蓋讓整條巷子暗不見天日。比我家廁所還小的房屋，全家十幾個孩子擠在裡面，他們坐在地上連腿都無法伸直，只是厭厭地望著門外發呆，這樣的氛圍讓我幾乎喘不過氣。

我急忙退回主街想找地方坐著休息，於是跟一個有長椅的攤販買了香料奶茶和甜點，然而老闆不懂英文無法詢問價錢，於是我掏出一張十盧比的鈔票，想說無論如何反正我最多就只給這張鈔票。

沒想到他收起鈔票後，從抽屜拿出四盧比銅板找給我，在這個公車車掌會多收你一倍價錢的國家，即使麥當勞店員也會故意忘記找零，我第一次遇到主動找錢的人，在孟買的貧民窟。

我把背包中的礦泉水倒出來洗手準備吃甜點，這時發現旁邊一個小孩睜大眼睛訝異地看著流到地上的水，我才突然想起這個國家正在鬧旱災。

——

晚上我應夏那瓦茲之邀，去他朋友家別墅舉辦的派對，在有水晶吊燈的宴會廳，不少金髮碧眼的外國人和打扮時尚的印度人坐在沙發拿著香檳杯開心談笑，房屋中有個小天井，周圍種滿熱帶植物，長桌上的瓷盤放著擺盤精美的糕點。

不像平常我總是引起眾人注意，這邊我可以安靜地消失在許多外國面孔之中，不會有人主動向我攀談，其實這正合我意，因為他們討論的話題，無論投資、藝術、時尚我都無法插嘴，這讓我感覺有些格格不入。

我走到陽台邊靜靜看著濱海大道的璀璨夜景，點點燈光在黑夜彷彿是星星閃爍，我著迷地看著遠方，眼角餘光突然瞄到黑暗中好像有什麼東西在動，仔細一看，才發現是整排躺在人行道睡覺的流浪漢正在翻身。

一起

站在阿格拉堡的八角亭遙望泰姬瑪哈陵，想著老皇帝至死不渝的愛情和晚年的悲涼寂寞。

阿格拉

Agra

我的空姐女友這個月班表有飛德里，但那個烏煙瘴氣的城市似乎不適合約會，女友說她和同事每次飛德里都只想躲在飯店休息，於是我們相約在德里附近的阿格拉見面，那是以泰姬瑪哈陵著名的城市，我想在那邊見面應該是件浪漫的事情吧。

從孟買搭車來到阿格拉，和女友一起去參觀泰姬瑪哈陵，這座世界奇觀有個浪漫又悲傷的故事。皇帝沙賈汗的妻子難產過世，皇帝傾全國之力為她建造墳墓，卻因此荒廢政事遭到篡位，被自己的兒子軟禁在阿格拉堡每天眺望愛妻的墳墓；他晚年不良於行，便在床邊放置一顆寶石，用反射的光線繼續凝視泰姬瑪哈陵。

我和女友站在阿格拉堡的八角亭遙望泰姬瑪哈陵，想著老皇帝至死不渝的愛情和晚年的悲涼寂寞，不禁感到一陣酸楚。

——

傍晚離開阿格拉堡，我們散步回到旅館，經理卻跑來敲門要求明天Check Out，這讓我相當不滿，早上入住時我明明就說要住兩晚，如果明天要換旅館的話，去勝利宮的時間就會被壓縮。

「為什麼？我入住時有說過要住兩晚吧！」我不滿地抗議。

「因為明天要選舉，政府決定關閉整座城市。」

「哪有這種事情，你騙誰啊？就算是真的，你也該在入住時就告訴我！」

「很抱歉，我們半小時前才得知這個消息，你們台灣政府應該也是這樣做事的吧！」經理攤開雙手擺爛。

「不要牽拖，全世界沒有任何政府這樣做事好嗎！」

抗議無效。我回房傳訊息問夏那瓦茲，他說網路上沒有看到任何關閉城市的消息，不知道為什麼旅館要趕我們走。我原本想摸摸鼻子算了，但女友聽完以後非常不爽，她說既然旅館沒有按照合約，我們也沒必要乖乖付錢，商量後作為報復，我們決定不再支付押金以外的其他費用。

她帶著我殺氣騰騰地走到大廳找經理，對方聽完後立刻拒絕，其他員工也圍過來彷彿要打群架，女友一言不發瞪著經理，對方大概感受到我們太過強烈的憤怒，或許也是因為心虛，加上沒辦法找警察否則整個謊言會露餡，最後只好無奈答應。

回到房間，我們兩個還是滿臉不爽互相看著彼此，直到我忍不住率先笑了出來，女友才跟著露出笑容。

「對不起，出來玩還讓妳陪我處理這種鳥事。」

「在印度旅行就是這樣啊，而且和愛人在一起，處理鳥事依然是個有趣的過程。」

她抱著我溫柔地說。

附論：沒有戀愛的國度

「你有女朋友嗎？」我在印度被這樣問過好幾次，這個國家的人對於隱私這件事情顯然沒有什麼概念。

「有啊。」

「那你有幾個女朋友呢？」這兩個問題彷彿連體嬰，對方聽完回答後往往會繼續問，假如他們臉上的表情不是如此真誠，我大概會覺得被耍而氣呼呼地離開，但他們滿臉好奇的模樣顯然是真心疑惑。

我不懂印度人怎麼會這樣問，難道這邊有超過一個女朋友是常態嗎？這個疑惑一直到我在齋普爾的馬路邊跟幾個路人閒聊才獲得解答。當時旁邊一位大叔看我聽完問題有些語塞，慢條斯理地解釋：「印度文化只有妻子、沒有女朋友的概念，女朋友是英國人的傳統。」

聽他說完我才想到印度這個國家不存在自由戀愛，這裡的婚姻代表兩個家族的結合，當事人並沒有選擇權。根據統計，印度約有百分之九十的婚姻來自於父母指定，西班牙記者馬克·賽雷納在《不受認可的愛情》訪談以及台灣公視所製作的《戀愛突擊隊》報導，就是這個議題的深刻寫照。

無論是因為多數印度人沒談過戀愛，不懂「女朋友」的定義，或是因為談戀愛的印度人個人主義比較重，比較可能會有數個交往對象，「有幾個女朋友？」這樣奇怪的問題，著實反應印度缺乏自由戀愛的現象。

沒有自由戀愛衍生出更嚴重的問題便是「名譽殺人」，許多鄉下地區依舊認為女性沒有遵從媒約結婚會玷汙家族名譽，因此父親和兄長會殺害不遵從媒約結婚的女兒以維護家族名聲。印度每年約有九百件這樣的命案，而沒有被統計到的黑數，可能更遠大於這個數字。

當代世界主流思想的自由戀愛，碰到禁錮在傳統文化中的印度，這個國家的年輕人和他們的愛人，仍然還有很長一段路要走。

倦怠

寬廣的馬路被各種車輛、路人、牛隻占據，交通號誌不是僅供參考，而是完全沒有參考價值。

德里

Delhi

跟女友分開以後，我往西前往拉賈斯坦邦，拜訪過去許多獨立邦國留下的城堡和宗教藝術，接著回到德里，準備從這邊搭飛機前往非洲，開始下個階段的旅行；當我走出德里火車站時，一群嘟嘟車司機像是聞到血腥味的鯊魚般湧上。我想去朋友工作的地點，那是走路十分鐘就可以抵達的距離，根本沒必要搭車，這些司機聽到我的目的地，便開始漫天扯謊。

「距離超過二十公里，不可能走路！」

「我的朋友，只要兩百盧比，這個價錢專屬給你哦。」

「所有的路都被封鎖，你只能搭車過去。」

我頭也不轉完全忽略，用掛在胸前的背包硬是擠開一條路，終於走出火車站，眼前景象卻更讓我頭昏。

寬廣的馬路被各種車輛、路人、牛隻占據，交通號誌不是僅供參考，而是完全沒有參考價值。紅綠燈像一場笑話在旁邊無助閃爍，印度人既不理會紅綠燈、也不管馬路是東西或南北向，眼前所有能動的東西全都擠成一團。

明明應該是國家門面的首都車站，飛揚的塵土卻讓我幾乎無法看見對街，喇叭彷彿玩具，車輛沒事按喇叭就算了，連腳踏車都要裝個響鈴來玩。我望著眼前街道，隨時都有數十個高分貝喇叭聲同時響起，有些司機甚至在車上裝了好幾個喇叭，邊開車邊演奏音樂。

「這什麼鬼地方啊？」我傻眼地喃喃自語。

交通混亂唯一好處是穿越馬路變得非常輕鬆，因為所有車輛幾乎都動彈不得，只要有勇氣往車輛與車輛之間的隙縫鑽進去，基本上你就成功了。

我隨手抓住一個路人，詢問他自己的方向是不是朝著康諾特廣場，他呆呆望著我搖搖頭，印度人搖頭可以代表「是」或「不是」，端看搖頭角度區分，我花了好久才學會分辨。確認方向沒錯以後，我跑去對街路邊攤買飲料，老闆從推車底下掏出鋁箔包芒果汁，我接過飲料，遞出鈔票等待找零，沒想到對方卻動也不動，我開口詢問他怎麼沒找零。

「這杯芒果汁二十盧比。」他說。

「法定最高售價十五盧比。」我指指包裝上「MRP Rs15」的字樣抗議，印度政府為了避免商家隨意哄抬價格，便推行 MRP 制度，攤販賣東西不能超過這個數字。

「我沒有零錢。」他雙手一攤，接著就想推走車子。

我一肚子大便，雖然五盧比只是台幣兩塊多，掉在路上都懶得去撿，但這種擺爛不找零的事情在印度幾乎天天發生。覺得就是因為大家懶得計較，才會讓這個現象越來越猖狂，我冷冷瞪著他，直接伸手把二十盧比鈔票搶回來。

「你去換錢，我在這裡等你。」我說話音量變大，周圍所有印度人像是看好戲全都圍上來，居然有外國人為了五盧比生氣。不少人笑了出來，小販一臉鐵青，心不甘情不願從口袋掏出五盧比硬幣遞給我。

我開始往康諾特廣場前進，走到一半突然被一群無所事事的年輕人圍住，果不其然是來詢問名字和國籍；我不懂印度人為什麼這麼想知道外國人的名字和國籍，老是圍著我問。一開始雖然新鮮，久了還真是煩，尤其他們的態度有時候像是警察盤查，這讓我非常反感。

「你的名字？」一個梳著油頭的年輕人嘴裡嚼著香料說。

「關你屁事。」經過整天狗屁倒灶的事情，加上我背著行李正在趕路，最討厭這種不會看狀況的白目，我脾氣暴躁地回應。

「你剛說什麼？」他的夥伴看我心情不好便識相離開，只有他聽完我的回答後愣了一會，提高音量繼續問。

「走開，我正在趕路。」

「這裡是印度，你才走開！」他高聲喊著，我瞪著他比了中指，接著便自顧自往前走，沒想到他尾隨在後，距離我五公尺不停用破爛英語大叫：「這裡是印度，我是印度人，你不是印度人，你走開！」

他尾隨我鬼叫了至少十分鐘，看我完全忽視他，才自討沒趣地停止。

——

終於來到朋友黃晟恩工作的地方，我們是在瓦拉那西的恆河祭典中認識，當時聽到他說台語便上前搭話，結果一見如故隔天還相約玩了整天，分開前他說自己在德里工作，我到那邊可以借宿他家。於是我在結束拉賈斯坦的旅行前便不要臉地聯絡，由於抵達公司時他還沒下班，我便把行李寄放在辦公室，散步到附近的賈瑪清真寺。

我向坐在門口的人買了相機票，脫掉鞋子走進清真寺中庭，賈瑪清真寺是一座蒙兀兒式建築，我赤腳走在炙熱的廣場地板，看著紅砂岩磚牆和潔白的水滴狀圓頂，這時喚拜塔突然傳來頌唱聲，穆斯林慢慢往中央水池聚集，開始清洗嘴巴和耳朵準備祝禱。

看著眼前的畫面，強烈的異地文化讓我產生飄飄然的錯覺，我敬畏地拿出相機記錄眼前的風景，這時一個掛著牌子的工作人員走過來，告訴我必須買相機票才能拍照，我掏出剛才買的相機票，工作人員一時笑了出來。

「這是假的票。」他說。

「什麼？」我訝異地說，只見他從懷裡掏出一本票券，示意我這才是真的相機票。

「下次買票記得要請對方出示工作證。」

一張相機票要價三百盧比（約台幣一百四十元），幾乎等於我一天的生活費，我有點傻眼但也只能怪自己愚蠢，參觀興致被這件事情弄到蕩然無存，我像是鬥敗的公雞晃出賈瑪清真寺，卻找不到自己的靴子。

「先生，你的鞋子在這裡！」旁邊一個鞋匠蹲在地上揮手，只見他一隻手拿著我的靴子，另一隻手拿著刷子和油漆正在上色，我的靴子現在變成令人反胃的濃稠褐色，原本的皮質蕩然無存。

「這雙靴子顏色跟全新的一樣，工資只要五百盧比（約台幣兩百三十元）就好。」我急忙跑過去搶回靴子，那個鞋匠滿臉笑容地說。

「幹你娘咧！」我忍不住直接罵出髒話。

我和那個鞋匠在大街上吵了起來，最終用四十盧比（約台幣十八元）贖回靴子，它現在卻充斥讓我噁心的顏色和氣味，我疲憊地戴起耳機，這能讓我忽略路上向我搭訕的掮客、司機和閒著沒事的路人，我慢慢走回朋友的公司，他剛好下班走出辦公室。

「你這邊等一下，待會公司會派車載我們回家。」黃晟恩說。

「德里這個地方這麼恐怖，你到底怎麼待得下去啊。」我把今天的遭遇告訴他，有氣無力地蹲在地上抱怨。

「久了就習慣啦！這兩天你先好好休息，接著去非洲還有很多事情有你受得呢！」他邪惡地看著我笑笑說。

另一個世界 東非

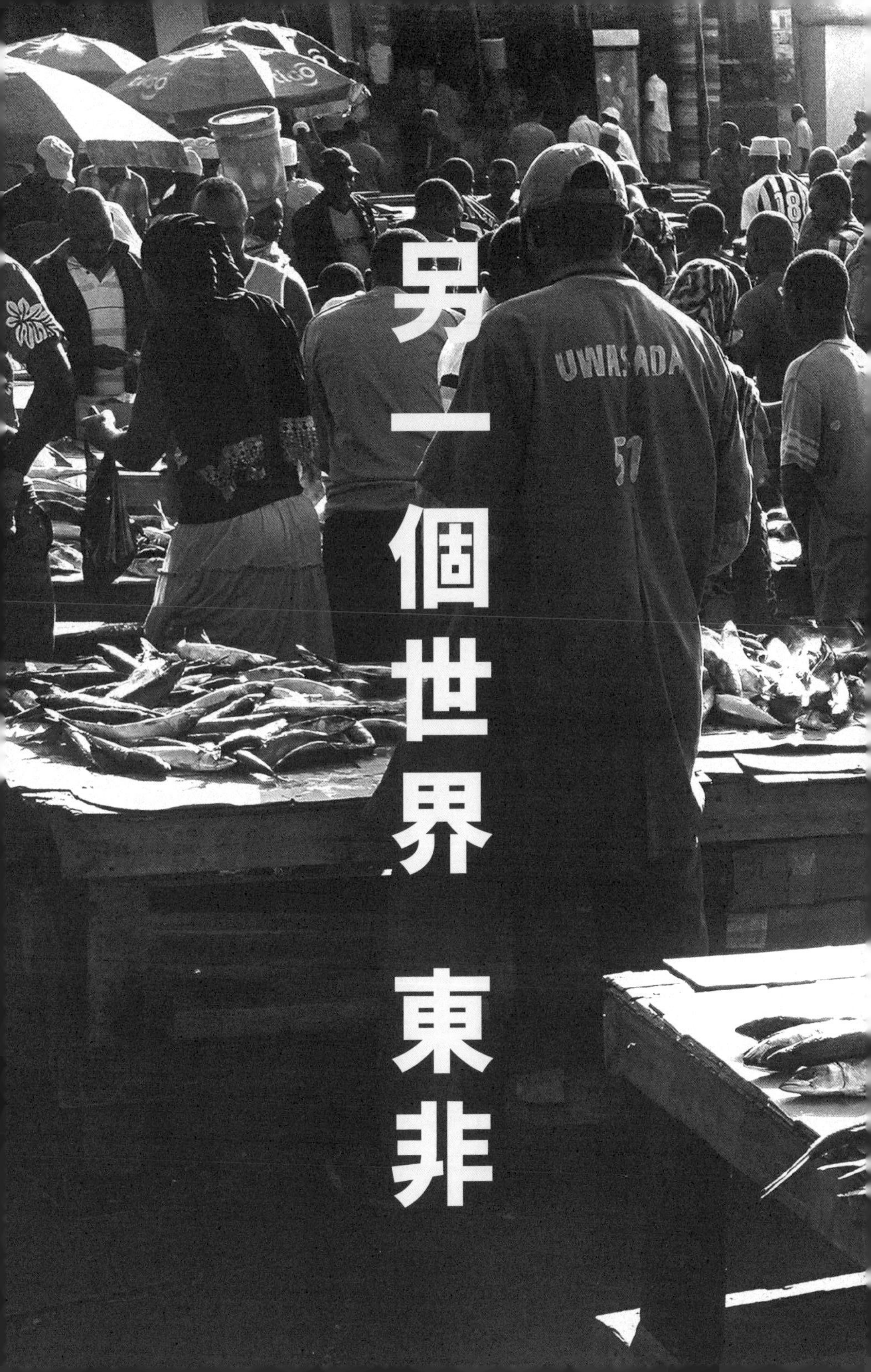

南十字星

直到我們抵達小山丘頂，我才注意到眼前是這輩子看過最壯闊的星空。

沙蘭港

Dar es Salaam

非洲給我的第一印象，是走出機場時，看見澄澈的藍色天空，應該是因為沒有重工業汙染。對於出身在工業發達國家的我來說，這裡的天空是我未曾想像過的顏色，璀璨的陽光照耀大地，少了空氣懸浮物干擾，光線變得乾淨透明，對眼前風景不禁看得出神。

跟著人潮走向巴士站，許多路人看到我便充滿活力豎起大拇指喊聲「Mambo!」，笑著露出潔白牙齒，這是史瓦希利語打招呼的方式，或許因為語言有許多上揚音調，坦尚尼亞人講話感覺充滿精神又快樂。

坦尚尼亞有許多從日本和台灣淘汰來的二手車，因此剛到巴士站時我很傻眼，只見寫著「松鶴料理」、「林務局公務車」、「中國廣播公司」的箱型巴士停滿廣場，我在路人協助下找到開往 Mbezi 的巴士，要去那邊拜訪沙發衝浪網站認識的朋友克利文。

「兄弟，你看得懂那輛車上寫些什麼嗎？」等待發車時，旁邊一個年輕人轉過頭來搭訕，我順著他手指的方向看過去，只見車身上漆著禮儀公司的字樣。

「呃……你還是別知道比較好。」我委婉地說。

——

坦尚尼亞的交通命脈就是這種箱型巴士，每輛車都設有司機和車掌，車掌到了交通轉運點便會下車招攬客人，為了極大化收益，他們會用盡可能塞進更多乘客，比如我搭乘的那輛十六人座小巴，最多竟塞進二十六個乘客。

擠得這麼誇張司機自然不敢把車開太快，加上沿途不停有乘客上下車，以及整座城市近乎癱瘓的交通，短短十六公里，竟然花了整整兩小時。這樣的交通造就當地人戲稱的「非洲時間」，後來克利文告知，他大學之所以延畢，就是因為期末考那天大塞車，他抵達學校時考試已經結束十五分鐘。

當我抵達Mbezi時，克利文已經在巴士站牌等我，他是音樂製作人，穿著球衣和金屬項鍊、反戴鴨舌帽，並留著捲捲的落腮鬍，與大多數坦尚尼亞人穿著非常不同，他說自己常被誤認成美國黑人，有時開口說史瓦希利語還會嚇到周圍的人。

克利文帶著我摸黑走進草叢，從主幹道走到他家需要翻越一座小山丘，這附近完全沒有路燈，我好奇他到底如何在這樣的荒野中認得回家的路。遠方不知何處傳來咚咚咚的鼓聲，那聲音彷彿從大地深處傳來，像是心跳頻率一樣沉著而規律，那節奏竟讓我感到有些熟悉。

一路上有許多小土坑，雨季尾聲的午後陣雨讓它們積滿泥漿，我們小心翼翼看著腳下，以免不小心踩進去弄得滿身泥濘；蚊子在泥水中繁殖，並停留在我穿著短袖露出的手臂，縱使用力揮舞仍無法驅離。

直到我們抵達小山丘頂，我才注意到眼前是這輩子看過最壯闊的星空，整條璀璨星河一望無際展開。那情境彷彿我正浮在宇宙之中，我出神地望著眼前星夜，竟然找不到任何認識的星座，這才想起自己正身處南半球，難怪對應該熟悉的天空如此陌生。

附論：只有現在

我在沙蘭港的那幾天，克利文窮得身無分文，每天都在家裡翻箱倒櫃找零錢買些便宜炸麵團或烤香蕉充飢。我在吃飯時，他便坐在旁邊餓著肚子盯著我吃飯，我看著他的模樣實在難受，買飯時只好順便幫他多帶一份。

根據他的說法，上週有朋友手術開刀需要一筆錢，就把畢生積蓄四十五萬先令（約台幣六千元）借出，直到月底發薪他都沒錢吃飯。我聽完有點傻眼，怎麼會有人借錢搞到自己沒飯吃，難道他不會計算到發薪前，還需要多少生活費嗎？

這個疑惑到我離開非洲前和一位派駐姆祖祖工作的學長聊天才獲得解答，他說非洲人並沒有做計畫的習慣，做決策很少會考量未來，所以當地才有諺語：「一天只做一件事」。

學長以交通為例，會有時刻表的都是專做外國人生意的觀光巴士，因為當地人並沒有訂票習慣，即使搭乘十多小時的長途巴士亦同，假如巴士公司事先訂定時刻表，很可能來不及安排調度車輛，於是他們寧願在原地等到整台車塞滿乘客再出發。

我認為會養成這樣的思考邏輯，和非洲太多爛事很有關係。各種突發意外讓計畫毫無意義，我從路沙卡搭有時刻表的觀光巴士去奇巴塔時，原本預估下午會到，沒想到先後遇到爆胎和連環車禍，抵達目的地已經是晚上十一點，由此可見在非洲根本難以預測將來，不如著眼當下。

我離開沙蘭港前一晚，克利文的朋友還了一些錢，他興奮地拉著我到附近酒吧請我喝啤酒吃烤雞，對比前幾天在家啃炸麵團的窩囊樣，他滿臉笑容揮舞鈔票跟酒保吆喝的模樣實在令人哭笑不得。酒足飯飽結帳時，我注意到這餐克利文花掉了一半的錢，扶他走回家的路上偷偷計算，看來不久後他又得吃炸麵團和烤香蕉了。

翅膀

「我每次看到背包客旅行都好羨慕，也想出去看看世界，就開始存錢，希望未來也可以去長途旅行。」

莫羅戈羅

Morogoro

箱型巴士緩緩行駛在莫羅戈羅郊外的鄉間小路，窗外環繞著群山和玉米田，坐在我身旁的是克利文的朋友艾都瓦多，我們才剛在巴士站碰面。離開沙蘭港以後由於不知道接下來該去哪裡，克利文便推薦我來這個近郊的農業大城，並讓艾都瓦多招待。

我和艾都瓦多一起下車，雙腳踏上路面竟有種奇異感，整個莫羅戈羅都沒有鋪設柏油，大地是鮮豔的紅褐泥土路，和沙蘭港混著潔白細沙與貝殼的石頭路截然不同。

艾都瓦多和家族一起生活在附近的四合院，當我走進中庭，只見滿滿的衣物懸掛在晾衣繩滴水，幾隻雞厭厭無聊地四處閒晃。家族裡的女性圍繞在屋子旁聊天或煮菜，正在追逐嬉鬧的小孩訝異家中竟然有外國客人，看到我便嚇得躲了起來、從牆後不停探頭偷看。

「歡迎光臨，你是有史以來第一位來到我家的外國人哦！」艾都瓦多說。

——

晚上艾都瓦多在房間加水加熱、不停攪拌玉米粉，一團白白的塊狀物逐漸成形，這便是東非的主食 Ugali，他用番茄、洋蔥、青椒燉煮醬汁，然後示範如何趁著 Ugali 熱呼呼時用手指掰下一塊，沾點醬汁後再用拇指捏起烤肉和菠菜，像壽司一樣入口。我學著他的動作捏起 Ugali，心裡想著東非真是玩食物小孩的天堂。

「我每次看到背包客旅行都好羨慕，也想出去看看世界，就開始存錢，希望未來也可以去長途旅行。」吃飯吃到一半，艾都瓦多突然說。

旅行時常常聽到當地人講這些話，每次都讓我感到沮喪和罪惡感，他們要那麼認真工作才能勉強生活，我卻只憑家教和每年存的壓歲錢就可以環遊世界，國家之間的貧富差距還真是殘忍。艾都瓦多的工作是草原 Safari 導遊，收入在當地相對較高，這是我第一次聽當地人說想要長途旅行，覺得自己可以給一些實際建議。

「你現在存多少錢，想要旅行多久？」我試探性問。

「我目前有一千三美金積蓄，去哪裡不重要、我也不怕苦，我只想知道去哪裡最便宜，這樣才能去更多地方。」他說。

我旅行至今四個月總花費約兩千美金，但這個數字並不能直接套用於艾都瓦多，因為非洲缺乏廉價航空、簽證取得成本也比較高，加上他必須另外購買裝備和預留緊急備用金，我想艾都瓦多至少需要準備多一倍的錢，我不知道一千三美金對他而言會是多重的負擔，只知道這個數字對我們兩人的意義肯定不同。

「你現在一個月收入多少？」我小心翼翼地詢問，想先聽完答案再決定要不要跟他討論各國旅行資訊。

「每個月三十五萬先令（約一百五十五美金）。」

「這樣啊……」這個數字還要扣掉生活開銷和養家的錢，我用前幾天在沙蘭港的開銷快速計算一下，決定保持沉默。

——

隔天清晨我在艾都瓦多家附近散步，當我剛走到巷口雜貨店，一個正在啃樹薯的年輕人畏畏縮縮跑來問可不可以跟我聊天，從來沒遇到過有人想聊天還這麼禮貌詢問，我笑著點點頭坐在他身旁的木頭。

「從這邊飛到台灣單程機票要多少錢啊？」他問。

「大概一百七十萬先令（備註1）吧。」這個答案剛說出口，我便意識到好像有點殘忍，畢竟這個國家基本的 Ugali 套餐只要一千先令。

「原本想看能不能請你幫我寫邀請函拿簽證，我在這邊找不到工作，想去國外闖

闖，沒想到光是入場費就這麼貴！」他低著頭喃喃自語，我有些慚愧地看著他不知道該如何回應。

「對了，跟我說說台北，她跟莫羅戈羅像嗎？」他勉強擠出笑容，像是想轉移話題，聽完這個問題我有些啞口無言，轉身看著遍地玉米田和滿街亂跑的雞，路上沒有車輛，也沒有超過一層樓的建築物。

「台北最高的大樓就跟那座山差不多高。」我指指南方那座山丘說：「高樓大廈很多，沒辦法像我們現在看到廣闊的天空。」

「你一定覺得我很無知像笨蛋，

才會問這種問題吧。」他苦笑著，這讓我意識到又說錯話了。

「台北也有很多缺點，比如看不見這麼藍的天空、陽光會因為空氣懸浮物而變得朦朧……」我這輩子第一次急著貶低自己的城市，如果可以讓這個年輕人在不平等的殘酷世界中稍微舒服，我覺得自己有義務這麼做。

「好希望有天能夠離開非洲看看世界。」他說。

備註1

此為二〇一五年六月寫作本文時使用 Skyscanner 搜尋最便宜的價格，於二〇一七年十二月彙整時再次搜尋，從香港和杜哈轉機，價格可低至一百萬先令。

強盜

「誰跟你開玩笑。」話說完他一個重拳擊往我太陽穴，其他幾個壯漢順勢把我拉上車。

沙蘭港

Dar es Salaam

「Jambo!（你好！）」為了搭船前往坦尚尼亞外海的桑吉巴島，離開莫羅戈羅以後我又回到沙蘭港，那天早上走去港口買票時，突然一個彪形大漢不知道從哪裡冒出來跟我打招呼。

「Kabari Asubuhi.（早安。）」我點點頭用標準史瓦希利語回應他。

「Una Zumgunza Kiswahili?（你會說史瓦希利語？）」他看來有點被嚇到。

「Ndiyo Mimi Siyo Muzungu.（會啊，我跟那些白人不一樣。）」我有點邪惡地笑。大學時為了好玩，想學一種讓人覺得很酷的語言，便選了東非通用的史瓦希利語。每天看 Youtube 教學影片，雖然只會基本對話和嘲諷俚語，這個技能讓我在坦尚尼亞屢試不爽博得當地人驚嘆。

他說自己也要去港口，因為順路我們便邊走邊聊，這時身邊突然停下來一輛小轎車，幾個壯漢打開門走出來。我雖然察覺不對勁，然而和這位大漢交談的氛圍讓我覺得還算安心，所以我並沒有拔腿就跑。

「我是壞人，你給我上車。」才剛這麼想，彪形大漢突然翻臉。

「你在開玩笑吧？」當時我真心以為他在開玩笑，畢竟這是早上十點的首都市區，周圍全是路人，我打從心裡不覺得這裡能出什麼事，況且哪個強盜在搶劫時會說自己是壞人，這也未免太沒有氣勢。

「誰跟你開玩笑。」話說完他一個重拳擊往我太陽穴，其他幾個壯漢順勢把我拉上車。

——

就這樣我被困在一輛窗戶貼著黑色玻璃紙的小轎車，現場一片混亂，剛才溫和與我閒聊的壯漢坐在我的左側不停咆哮叫我冷靜，但我感覺他甚至比我還緊張，大概是第一次行搶吧。我眼神有些怨恨地望向他，不只因為覺得被背叛，還有他那一拳讓我的前額隱隱作痛。

坐在我右側的壯漢搶過背包用力拆開，此時我雖然表情平靜、心臟卻跳得很快，主要還是不知道他們會如何處置我，雖然覺得不至於被殺害，畢竟這樣有些自找麻煩。但自己還在對方車上、有潛在生命危險，我的大腦努力盤算該如何安全脫身。

當我的錢袋被翻出時，全車發出驚嘆聲，早在進入非洲前我就聽說這邊 ATM 不好找，在機場便傻呼呼地提出整趟非洲旅行所需的三千美金帶在身上，這對平均月收入八十美金的坦尚尼亞人而言，可不是小數目。

「我大學剛畢業就被派到坦尚尼亞工作，這是我的未婚妻，出國前才約定好回去就結婚，我不想失約，請不要傷害我。」看到這群強盜因為逮到肥羊而喜孜孜，我順勢指著皮夾裡和女友的合照，極盡可能用最淒涼的聲音掰了一個故事。

「我們只是要錢，只要你不反抗，就沒必要傷害你。」右側壯漢的臉上難掩笑意，這讓我暫時安心一些。

「現在我們要把你帶到郊區丟包，待會你自己回市區，記得要搭公車，不要攔計程車，也不要跟陌生人講話，不然很可能再被搶。」右側壯漢說，接著掏出二十美金放進我的口袋，並拔出相機記憶卡和手機 SIM 卡還給我，這個舉動讓我有些驚訝。

「我們這行也是有規矩的，婚戒不搶、記憶卡和 SIM 卡不搶，而且要還給對方足夠的錢搭車回家。」

——

「對不起剛才打傷你。」車子逐漸駛離市區，風景越來越荒涼，這時坐在我左側、稍早和我搭訕的那位壯漢突然開口。我搖搖頭望向窗外，除了剛才被攻擊留下的恐懼，遭背叛的感覺讓我不想正視他的眼睛。

「我需要錢，我想讓孩子過更好的生活。」他看我沒有回應，繼續自言自語，同時掏出手機指著上面和三個小孩的合照。

這些話讓我內心一震，其實剛才搜刮財物時我便注意到，相較其他人只拿鈔票和手機等值錢物品，左邊壯漢連背包的鎖頭、手機充電線和文件資料夾都不放過；我猜想如果犯罪目的是為了賭博、嫖妓或毒品等娛樂性花費，不應該搶得這麼狼狽，他很明顯是陷入某種困境而迫切需要錢，雖然我並不會因此原諒他，但對他稍微多了一些諒解。

我不知道他如何看待搶劫這件事，但很幸運自己永遠無須體會這種矛盾。我出生在富足的家庭，父母給我無憂無慮的成長環境，不必為了活下去冒險犯罪；台灣又是安全的國家，有完善的社會福利制度，縱使突然遭逢巨變，例如像今天突然被人洗劫一空，搶劫也不會是活下去的選項。

最後這群強盜遵守承諾讓我安全下車，並告訴我怎麼走到主幹道攔巴士回市區，我失魂落魄搭了一小時巴士回到住宿的 YMCA。很快被搶的故事便在旅館傳開，這倒是件好事，受到驚嚇的我非常需要用講話來轉移注意力，而多數人也很願意當我的聽眾。

我損失了四分之一的積蓄，這個教訓肯定會讓我記很久，當旁邊有車停下時，無論直覺和理智都叫我趕快離開，但我卻因為信任那個搭訕我的壯漢而沒有動作，我不應該對陌生人如此毫無防備。

「千萬不要毫無保留信任別人，這應該是神想要教你的事。」下午我躺在交誼廳沙發休息時，YMCA 教堂裡的修女走過來搭話。

「但信任是一件美好的事情，如果人與人能彼此信任，這個世界會有多麼快樂。」我有些不滿地說，如果連最博愛的神職人員都說出這種話，這個國家真讓我難過。

「在你的國家也許是這樣，但在這邊千萬不要。」另一位修女走過來說。

「你的運氣算很好了，這邊有些被搶劫的人啊，連屍體都找不到。」一個來此工作、和我同寢的中國人在旁插話。

「還有飛車搶劫，我有同事之前遇到，被拖行好幾百公尺，整個手臂皮膚都不見了。」中國人的朋友也附和。

真是令人沮喪的對話，我有點意興闌珊地打發他們，想一個人好好平靜心情，這時一個德國女生看到眾人散去，便朝我走了過來。

「我剛剛一直在聽你們對話，想要告訴你信任就是赤裸地面對他人。你會因此看見醜陋，但也才有機會看見至善，如果永遠拒絕他人，雖然比較不容易受到傷害，卻會與世界上最美好的事情擦身而過。」說完她就離開了，留下我獨自咀嚼今天下午所有人的建議。

附論：圍牆兩邊

在非洲旅行三個月，住過青年旅館、公共衛生隊的基地營、甚至當地台商家，這些地方的共同特色，便是有一道高高的圍牆。

圍牆裡，是黑人口中的「Muzungu」，這個詞彙的意思是白人，廣義上也包含膚色較淡的亞洲人。Muzungu 的生活處所是幾個點，扣掉這些點以後所剩餘的面，便是黑人活動的地盤，Muzungu 蓋起了一道高牆，把黑人擋在外面，也把自己囚禁在裡面。

在尚比亞和馬拉威住過的青年旅館，都定時有接駁車前往主要景點，甚至附設泳池和餐廳，許多歐美年輕人來到非洲，白天搭車參觀景點、晚上在泳池邊喝酒開趴，城市移動時請旅館代訂車票和計程車。一位蘇格蘭青年告訴我，他在非洲旅行三週，竟然沒有和任何黑人聊過天，他覺得很不可思議。

在公共衛生隊基地營，車子數量比人還多，當我們要出去吃飯時，只要開車按一下喇叭，黑人警衛便會開門，我們開車穿越市區來到餐廳，而餐廳也被高牆圍住，老闆和用餐的人都是 Muzungu，車子開到門口再按一下喇叭，餐廳的黑人警衛就會來開門，從基地到餐廳我們都不用離開車子，在餐廳圍牆裡，車子甚至無須鎖門。

我看過報導說黑人和白人在非洲就像兩條平行線，指稱這種現象是過去種族隔離的延續，但我認為這樣說並不公平。

我在馬拉威認識一位台商時，發現他家除了高牆和電網，家中還養著幾隻獵犬，他說剛來馬拉威時覺得外界謠傳非洲危險僅僅是因為不理解，因此選擇住在普通公寓。直到有天夜裡七個黑人拿著獵槍衝進他家搶劫，甚至打傷他的家人後，才決定搬進這種有高牆的房裡。

2002 RO

#Hakuna Matata

他們總說負責人不在、也連絡不上，接著笑笑地說
Hakuna Matata 和 Pole Pole。

農圭

Nungwi

搶案後過了兩天，我重新採買裝備並收拾好心情，搭船前往擁有絕美海灘的桑吉巴島，當我在甲板上漫無目的閒晃時，突然有人從背後叫住我，是在印度瓦拉那西有過一面之緣的韓國男生金承龍。

金承龍也在環遊世界，離開印度後想要從北到南橫貫非洲，剛抵達埃及就認識有相同規劃的宋德憲和申慧秀，三人決定結伴冒險；金承龍熱情介紹朋友給我認識，他們聽說我在沙蘭港被搶的故事後，便邀請我一起前往桑吉巴島北方的農圭海灘。在我最脆弱需要人陪伴時能遇到他們，想想自己還是相當幸運。

農圭的海有各種美麗顏色，像許多寶石融化形成，底下有水草的部分是藍寶石、白沙的部分是淺藍的琉璃、珊瑚礁周圍則是迷人的祖母綠。從小在漁村長大的申慧秀剛下車就急著跳進海裡，我和其他兩個男生則踩在如麵粉般細軟而綿延的白沙灘邊走邊聊，椰子樹迎著海風輕輕搖曳。

傍晚許多當地人拿著椰子殼在海灘當足球踢，大學是足球隊的金承龍興奮地跑去報隊，申慧秀則注意到一些婦女趁著退潮走到水草區撿海鮮，拉著我跟宋德憲拿著水桶加入。晚上金承龍回來時，我們已經撿滿一整桶的螃蟹、海螺和章魚，把這些海鮮用熱水汆燙後沾著他們帶來的韓國辣醬和芝麻油下酒，著實令人回味。

用這樣的節奏和這群韓國朋友在仿若天堂的農圭海邊待了一星期，身體和心靈都獲得療癒。

桑吉巴島上的人們最大共通點便是喜歡把 Hakuna Matata（不要擔心）和 Pole Pole（慢慢來）掛在嘴邊，每次我聽到他們這樣說都會很開心，想著這樣的純樸價值觀一定來自天堂，什麼都太美好了所以只需要享受當下，未來的煩惱不必太過計較。

第一次覺得這兩個單字令人厭煩是有天晚上去餐廳吃海鮮，附贈的調酒一直沒送來，金承龍催了十來次，每次得到的答案都是 Hakuna Matata 和 Pole Pole，說完服務生就轉身去做自己的事，也沒有要處理，直到我們要離開時那杯酒還是沒有送來。

此外來到農圭第二天我們就去找旅行社，想搭風帆船去附近島嶼浮潛，後來因為船家刪改行程、同意退還我們部分款項，當每次我們去辦公室催討，他們總說負責人不在、也連絡不上，接著笑笑地說 Hakuna Matata 和 Pole Pole。

這些事情讓我對這兩個詞印象越來越糟，它的確代表桑吉巴島人享受當下的性格，但同時也意味著擺爛，對於不想處理的事情就先打發掉再說，我想起沙蘭港的克利文，Hakuna Matata 正是非洲人不做計畫的好藉口。

某晚又碰到退潮，我和韓國朋友相約去海邊撿海鮮，當我們拿著手電筒在海裡搜尋章魚的蹤跡時，突然有個當地人湊過來說話，我們嚇了一跳，夜晚果然是黑人最好的保護色。

「明天早上要參加浮潛嗎？」

「我們已經參加過……等等，你是那個負責人！」金承龍指著他大叫。

他就是答應要退款的船家，沒想到一聽見金承龍大喊，他立刻轉身逃跑，我們急忙追上；但事發太過突然，我們始終和他相差一段距離。就在幾乎要放棄時，突然宋德憲從他側邊撲上，兩人同時摔倒在地，我和金承龍趕忙上前圍住。

「你為什麼逃跑！」金承龍蹲下質問。

「我沒有錢。」負責人掏出口袋，兩手一攤擺爛說。

「我們跟你回家，我不相信你連一萬先令（約台幣一百三十一元）都沒有！」

「你們明天來公司找我，我剛出團收完費用，一定有錢，Hakuna Matata.」他站起來拍拍沙子，一副胸有成竹，就在我們愣愣地討論他的話可信度有多高時，他突然用力推開我們，再次飛奔逃跑。

「喂！」金承龍大喊。

「大哥算了啦，如果他根本沒有還錢打算，你怎麼逼他也沒有用，而且說真的，一萬先令也不是什麼大錢，Hakuna Matata.」宋德憲站在後面笑著說。

每到退潮時，都有許多婦女到水草區撿拾海鮮

古蘭經

哈吉每用阿拉伯文念完一段經文，便會用生澀的英語向我解釋，我看著他平靜的表情，感覺到無比強烈的愛與善良。

石頭城

Stone Town

我和金承龍他們一樣，預計離開桑吉巴島後搭乘六十小時車程的塔薩拉鐵路（Tazara Railway）進入尚比亞，無奈我們在相遇前各自事先買好票，而出發時間相差整整一週。即使每天試著打電話改期，直到最後一天卻依然無人接聽，最後我只好目送大家搭船離開，獨自前往島上首府石頭城。

由於在沙蘭港遇搶，手頭拮据必須想辦法省住宿費，我在石頭城利用沙發衝浪認識願意接待我的哈吉，他家位於石頭城郊區，每天早上都會帶我搭箱型巴士到市區，放我自由探索這座城市，傍晚再在廣場集合、搭車回家。

我用待在石頭城的幾天拜訪阿曼帝國留下的皇宮與堡壘，並在彎曲小巷中漫步，這是個很有味道的城市。由於過去是印度洋的貿易中心，許多建築混合了英國、阿拉伯、印度與當地史瓦希利的風格，就像混血兒的臉孔，一點小細節都會讓我驚呼連連。

因為過去曾經是阿曼帝國的領土，桑吉巴島目前百分之九十九居民是穆斯林，我和金承龍他們分開那天剛好進入齋戒月（Ramadam），根據伊斯蘭教信仰，整個月從日出到日落都不能進食甚至喝水。

儘管觀光業興盛讓石頭城居民對外國人在路上吃喝態度相當寬鬆，許多飯店餐廳也持續營業，但每當我在路上拿出麵包或礦泉水，總對周圍那些用渴望眼神盯著我吞口水的當地人感到抱歉，而飯店附設餐廳的價格也並非我能輕鬆負擔，這讓我在石頭城旅行有著諸多不便。

有天傍晚我和哈吉並肩走在回家路上，喚拜聲突然從遠方響起，許多穿著白袍頭戴小帽的黑人從路旁的石造矮屋走出，朝著社區裡那座清真寺的高塔前進，我的視覺和聽覺徜徉在某種異國風情中，這時哈吉停下腳步跟我說。

「伊斯蘭教最早有禁食傳統，是因為在阿拉伯沙漠很容易迷路找不到食物或水源，如果有禁食經驗會更容易存活。」

「但你並不是生活在沙漠中哦！」我理解每個宗教行為起源都是為了解決當代某些問題，經歷社會變遷，這些問題可能不復存在，若仍無條件遵守卻沒有思考背後原因，這對我而言相當愚昧。

「戰爭或災難隨時可能發生，若我的身體能適應更嚴苛的生存條件，我覺得並不是壞事，而且禁食能讓我知道飢餓的感覺，我會懂得對窮人更加謙卑、更有同理心。」

「待會你可以跟我講古蘭經的道理嗎？」這時我突然對這個理解不多的宗教產生濃厚興趣，於是我問哈吉。

哈吉沒有正面回應我，只是露出燦爛的笑容。

哈吉家的晚餐是蒸熟的樹薯和山藥，搭配一塊炸玉米餅和幾條小魚，以及用檸檬草、薑和肉桂葉浸泡而成香氣四溢的紅茶。雖然食物再簡單不過，但和他一起坐在地板上用手抓食物，這樣的用餐經驗卻比在餐廳吃龍蝦更加珍貴。

飯後哈吉搬出古蘭經，翻到摺起來的一頁，他告訴我自己每天都要讀一遍這段文字，時時刻刻提醒自己，才不會忘記其中道理。

「父母親年老以後行為表現很像小孩，但我們不可以對他們不耐煩，必須要用耐心回應他們，因為當我們還是小孩時他們也是這樣對待我們，甚至做得更多，母親背負我們的重量，用雙手編織搖籃，父親是我們的堡壘，在遇到壞人時挺身而出，但我們太容易因為繁忙忘記這些。」

哈吉每用阿拉伯文念完一段經文，便會用生澀的英語向我解釋，我看著他平靜的表情，感覺到無比強烈的愛與善良，這個宗教能在世界上擁有十六億信眾，靠的絕對不是媒體呈現的暴力和恐怖攻擊。

「現在是禱告時間，你要跟我一起禱告嗎？」哈吉突然問，這個突如其來的邀請嚇到我，但想想也不是壞事，我便點頭答應。

哈吉帶我去浴室清洗嘴巴和耳朵，接著教導我祈禱的動作，把雙手放在耳邊時傾聽真主的聲音，四肢和頭觸碰地面象徵對阿拉的臣服，他在做這些動作時喃喃朗誦著阿拉伯經文。

阿拉是唯一的

阿拉是至高無上的
阿拉不從任何事物衍生
阿拉不和世界上任何東西相似

我訝異地看著正在翻譯古蘭經文的哈吉，他口中的「阿拉」概念和基督教的「耶和華」太過相似，甚至替換這兩個名詞也沒有違和感，對於出身在佛教和道教國家的我，這是首次看見一神信仰這麼具象化呈現。

「我不懂為什麼基督教和伊斯蘭教這麼相似，卻要殺得你死我活，反而完全迴異的佛教或印度教，跟你們就沒有這麼多衝突？」

「如果差異太大反而不容易找到衝突點，也許正是因為伊斯蘭教和基督教太過相似，眼光狹隘的人想要掌握對一神的解釋權，卻不願意傾聽彼此，最後只好使用暴力。」哈吉無奈地說。

附論：無業遊民

在石頭城中央廣場閒晃時，幾乎每走兩步路就會有人搭話，他們會問需不需要地陪，或是想去哪個景點可以幫忙安排旅行團。如果你什麼都不需要，他們也會繼續跟你聊天，甚至教你兩句史瓦希利語，然後期待離開時你能掏出一點小費，哈吉便是這群掮客其中一員。

我在石頭城的每日行程，便是和哈吉一起搭車到市中心，接著分道揚鑣，我進入老城區參觀景點，他則加入掮客大軍，等到傍晚時我們會在中央廣場集合一起搭車回家。

在哈吉家住了整整四天，只有一個來做研究的加拿大人類學者給了他十元美金當訪談小費，他說這些日子有這筆收入便已划算，畢竟自己幾乎沒有其他開銷，每天吃的食物是家裡種植的根莖作物，住的房屋是祖先所留，金錢只是作為添購額外生活用品之用。

後來我和那位加拿大學者聊天，他告訴我桑吉巴島有個普遍現象便是家庭自給自足，有多餘人力才會出門賺錢，畢竟金錢在這邊並非生活必需，而社會也無法提供足夠工作機會。

其實我認為這個現象普遍出現在非洲許多地區，到處都有一個特殊景象：即白天工作時間

街上總是充滿四肢健全的年輕人閒閒沒事亂晃，我猜是因為缺乏工商服務業，沒有穩定工作機會，家裡多餘人力只能到處看能否碰到賺小費或是打零工的機會吧。

我想起了克利文和艾都瓦多，他們都是連續好幾天沒事陪在我身邊到處閒晃，這是有穩定工作的人絕對不可能做到，加上在我離開時兩個人都分別找藉口要了些錢，會不會其實他們是把陪我當成賺錢的工作呢？

深入

迸發出的水花比強颱降雨還猛烈，巨大水霧讓眼前伸手不見五指，只聽見轟隆隆巨響迴盪耳邊。

李文斯敦鎮

Livingstone

離開桑吉巴島後，我決定搭乘坦尚鐵路從沙蘭港直抵尚比亞首都路沙卡，這班火車行駛時間為五十五小時，加上我必須搭乘夜間貨船從桑吉巴島前往沙蘭港，總移動時間將近六十五小時。這個自虐的概念深深吸引著我，我要在地表上進行一場巨大移動，用自己的身體測量世界有多大。

火車從沙蘭港車站出發，不到幾小時就進入完全沒有人煙的荒野，每當經過當地村莊時，總有許多幼童死命尖叫追著火車狂奔，年紀大一點的孩子會站在軌道邊和車上的人揮手，我和幾個韓國背包客聚集在窗邊，樂此不彼地回應每個對我們揮手的人。

我卻突然想起三年前一個環遊世界的學長在日記裡寫道，這輛火車一週只開兩班，等待火車經過並與上面的人互動顯然是這些孩子很重要的事情，因為這輛火車滿載他們無法觸及的外界，想到這裡，我對他們的微笑開始夾雜一絲複雜。

火車經過米庫米國家公園剛好夕陽西下，落日把天空染成醉人金黃，猴麵包樹在遠方佇立的巨大剪影奇異而令人著迷，車廂突然有個坦尚尼亞商人指著窗外大喊，我順著他手指方向看過去，只見一隻長頸鹿優雅地嚼食樹葉，那身影讓我久久不能自己。

火車一如預期誤點，比表定時間遲了五個多小時才抵達路沙卡郊區的火車總站。由於街上沒有路燈，走出車站大廳才晚上七點已是伸手不見五指，但還必須再搭三小時巴士進入路沙卡，有了之前落單被綁架的經驗，我開始遊說車站所有外國人，告訴大家集體行動才安全。

當我們抵達路沙卡已是深夜，六個 Muzungu 扛著登山包走在漆黑街道尋找旅館，那樣的畫面肯定相當招搖，沿途吸引不少注目禮。畢竟這個城市並不常看見外國人，最後我們住進一間有著高牆和游泳池的青年旅館，洗了久違的舒服熱水澡。

經歷連續三天交通疲勞轟炸，我原本打算接下來幾天都要窩在旅館泳池邊躺椅上喝著啤酒好好休息，沒想到隔天清晨就聽聞同列車的背包客都準備動身前往南邊的李文斯敦鎮，審慎思考後我決定跟著大家行動。一來結伴旅行比較安全、二來想到要再繼續七個小時的車程，這樣的瘋狂舉動勾起我探究自己身體極限在哪裡的好奇心。

當我們一行六人來到巴士站，眼前景象讓我們都傻眼，賣票掮客告訴我們前往李文斯敦鎮的車是觀光巴士。沒想到等在眼前的竟然是塞滿貨物與當地人的野雞車，這種車都會等到擠滿人才發動，原本掮客宣稱兩點出發，當然是笑話一場，將近下午四點車子還停在原地一動不動。

下午四點出發，推算抵達時間接近子夜，晚上找旅館這件事讓我提心吊膽，更淒涼的是車子引擎在中途故障，所有人被困在荒郊野外又餓又累，等待司機維修時我和同車的韓國背包客走到附近村落，討到兩塊地瓜和半公升牛奶，稀哩呼嚕吞下肚就當晚餐。

當我們從附近村莊散步回到車子拋錨處，司機已經放棄維修，打電話向朋友求援調度車輛。我看到同行兩個德國背包客癱在椅上眼神渙散地望著遠方，不禁開始覺得整件事有點荒謬好笑。

抵達青年旅館時天光已經開始泛白，剛好省下一晚住宿費，我像打完仗的歸國士兵，黑著眼圈疲憊地卸下行李，沒想到同行的韓國人辦完入住手續後竟然表示想直接出發去看維多利亞瀑布。從石頭城到李文斯敦鎮，整整花了八十五小時在搭乘交通工具，這時我已經自暴自棄，於是簡單沖個澡便跟他們搭旅館的接駁車出發。

維多利亞瀑布在當地語言稱作莫西奧圖尼亞，意思是「會打雷的霧」，當奔馳的尚

比西河遇到巨大的東非裂谷，迸發出的水花比強颱降雨還猛烈，巨大水霧讓眼前伸手不見五指，只聽見轟隆隆巨響迴盪耳邊，當地人用會打雷的霧來形容維多利亞瀑布實在再貼切不過。

維多利亞瀑布位在尚比亞和辛巴威邊境，光是尚比亞一側就需要半小時才能走完，而尚比亞一側只占整個瀑布約三分之一，佇立在大自然的鬼斧神工前，驚覺自己多麼渺小，我用虔敬的心站在觀瀑步道，讓強烈的水花淋在身上，靜靜凝望眼前偉大的瀑布。

角度

我注意到某個攤位竟然掛著建中的卡其色制服，以及某政黨的競選背心，才終於知道以前過年、換季時丟棄的衣服都跑去哪裡。

里郎威

Lilongwe

藉著一位在馬拉威做研究的社團學姊介紹，當我抵達里郎威時，當地的台商會長陳加阜熱情招待我到他家住幾天，他是在馬拉威台灣人的大家長，做研究的學生、工作的商人、拜訪馬拉威的旅客，許多台灣人進出他家門，借宿的這幾天，每天都能聽見熟悉的台語。

馬拉威位處非洲內陸，由於較少和外界接觸，民風相對純樸，生活在此的外國人依然會在房屋周圍蓋起高牆和檢查哨，圍牆上放置帶有利刃的鐵絲網，圍牆內雇請保鑣並豢養獵犬。

「之前有強盜持槍衝進我家搶劫，還打傷我的家人。」一個台商說。

「我在里郎威市區有時晚上會被槍聲吵醒。」一個來做公衛研究的台大學姐說。

有了這麼多警告，加上之前在沙蘭港被搶讓我餘悸猶存，因此待在里郎威這幾天我都躲在高牆內，每天讓廚師伺候三餐、讓管家洗衣服，無聊就找台灣朋友喝酒聊天打電動，日子倒還算悠閒，只是終究還是想接觸當地人生活，畢竟我出來旅行的目的是見識世界。

「那就讓朱瑪來帶你見識一下里郎威有多麼無聊吧。」陳加阜開玩笑，同時指定一位強壯的公司職員當我的保鑣兼地陪。

——

里郎威不是觀光城市，但庶民生活的熱度依舊充滿魅力，經過河邊看著許多人站在水中洗衣服、經過中央市集看著人們交易二手物品、甚至在路邊看見巫醫販售木頭與動物屍體，這些充滿力量的畫面往往吸引我舉起相機，但每次都會被朱瑪大聲喝止。

「這邊的人不喜歡被拍照！」

「為什麼？」

「他們會覺得你是想要販賣他們的相片、消費他們貧窮的那種攝影師。」朱瑪拉著我的相機匆忙解釋。

好吧沒辦法，畢竟在別人的國家只能入境隨俗，我沮喪地拿出紙筆，想用文字代替影像記錄眼前讓我震撼的一切。

馬拉威是全世界最貧窮的國家之一，這邊平均月收入只有三萬克瓦查（約台幣一千兩百元），但物價卻不比台灣便宜，隨便在路上吃餐飯也要一千五克瓦查（約台幣六十元），更別提幸運擁有工作的人在這個國家只占極少數，在這邊做公衛監測計畫的學長告訴我，馬拉威習慣外食的人只占國民總數百分之一。

在這樣的貧窮之下，購買二手衣物便成為省錢的好選擇，朱瑪帶我散步到附近二手衣市集，數個由木竿搭建的簡陋店鋪前擺放堆積如山的衣物，我注意到某個攤位竟然掛著建中的卡其色制服，以及某政黨的競選背心，才終於知道以前過年、換季時丟棄的衣服都跑去哪裡。

「我的夢想就是在陳加阜的工廠存夠錢，然後自己在這邊開二手衣商店，當商人才能賺足夠的錢給家人。」朱瑪說。

「但你現在是工廠領班，賺的錢不夠用嗎？」

「不夠用，完全不夠用！」

——

下午我和朱瑪一起散步回工廠，經過河邊時突然興致一來便叫朱瑪幫我照相，我剛擺好拍照姿勢，橋下突然傳來一陣喧嘩，我轉過頭，注意到幾個洗衣工人看見我在拍照便笑著品頭論足。

我看著眼前充滿力量的庶民生活，真的好想記錄，這時我突然靈機一動，想到他們不願意被拍攝的理由是擔心相片被拿去販售博取同情，這樣應該不會討厭合照吧。

「我們一起自拍！」我從朱瑪手中拿過相機對著他們大喊，接著從高處往下對準自己與他們，那些人愣了一下，接著竟然開始鼓掌、尖叫、大笑，或是對我比出勝利手勢，我按下快門，滿意地看著相片，接著轉頭對著他們揮手。

「我第一次看到街上有人被拍，竟然沒有生氣。」朱瑪在一旁目瞪口呆，我滿意地露出微笑。

上：非洲到處都可以看見穿著台灣高中制服的當地人
下：在二手衣市集和路人自拍

附論：殖民地爭奪戰

離開里郎威以後，我來到馬拉威北方的重要城市姆祖祖，一樣靠著社團學姊介紹，我借住在屏東基督教醫院海外援助組織 LIN 的基地營，抵達當天學姊同事開車來載我，順路經過姆祖祖中央醫院時，他把車停在門口，有些無奈地指著大門鐵牌上鏽蝕的台灣國旗說：

「台灣醫療隊曾經在這裡替馬拉威人治療愛滋病，斷交後一切計畫改由中國政府接手，現在我們只能靠著 NGO 來繼續協助過去的病人。」

二〇〇七年中國政府灑下六十億美金，挖走我們在東南非洲這個交往多年的友邦，這個數字超過馬拉威全國的 GDP 總額，願意花如此驚人數字的金錢打通跟馬拉威的關係，除了政治宣示，應該還有更多目的。

中國和馬拉威建交後過了十年，我來到這個非洲內陸的貧窮小國。從里郎威到姆祖祖，隨處可見的小型雜貨店，裡面都坐著遠赴他鄉淘金的中國商人，反而是非洲傳統的地攤逐漸式微。中國餐館、賭場、理髮院出現在城市每個角落，華為傾銷廉價商品壟斷當地 3C 市場，二〇一一年馬拉威爆發大規模反中示威，抗議中國人搶走工作。

在馬拉威發生的事，同樣出現在非洲我所旅經的每個國家，我在肯亞的奈洛比，發現整個首都機場約有八成旅客是中國人，他們可能是雜貨店老闆、新建案的監工、專門服務中國人的廚師甚至妓女，遠渡重洋來此轉機前往各個非洲內陸國。

中國政府的金援往往有附帶條件，比如蓋大樓要用他們指派的技術人員、並向特定公司採買原料，如此便能把國內的就業壓力輸出到非洲，同時解決產能過剩的問題。這並不難理解，中國政府畢竟不是慈善事業，怎麼可能砸下六十億美金的援助而不求回報。

中國大舉進入馬拉威帶來的後果很快浮出水面，除了前述本地人就業問題，本土產業無法與中國企業的大規模資本和成熟技術競爭，讓馬拉威的產業轉型一再失敗，另外中國政府接手台灣的愛滋病控制計畫，卻因為無利可圖而宣告停擺。

二〇一七年紐約時報一篇報導，指稱中國在非洲實行新殖民主義，這和我從姆祖祖搭車到卡隆加的路上，從鄰座馬拉威商人那邊聽到的言論不謀而合：「歐洲人離開以後，中國人來了，他們帶走滿滿的財富，卻沒有留下半點殘渣。」

兩面

「過去的一切都是成就現在的要素，如果你現在覺得這趟旅行是滿意的，過程中發生的壞事便無須沮喪。」

賽倫蓋提草原

Serengeti

「我只能帶你們出團三天，付五百六十美金要我安排四天行程不可能。」導遊雙手一攤愛理不理地說，一股酒氣從他身上噴過來。

「有沒有搞錯啊！這跟我們昨天談好的不一樣，如果不可能為什麼出發前才講！」我不滿地抗議，只是過去經驗告訴我當非洲人開始擺爛、耍無賴時，除非達到目的，否則沒有人可以讓他們改變心意。

「要嘛你就多付一百美金、要嘛另請高明。」

在馬拉威時突然接到黃晟恩的訊息，說他放年假正在坦尚尼亞旅行，約我去草原看動物，我覺得和朋友一起 Safari 會更有趣，便連日北上來到阿魯沙，會合後上街找好旅行社，原本以為一切順利，出發當天導遊卻這樣告訴我們。我很想轉身去找其他旅行社，無奈黃晟恩的工作休假沒有彈性，我們沒有時間。

唉，當國家無法貫徹法律的時候，就沒有人願意遵守契約，為什麼在非洲旅行兩個多月，我始終無法學會要隨時為自己安排好備案。

「我沒有多餘的美金了。」被搶隔天我便請家人匯來美金現鈔，非洲旅行接近尾聲，這筆錢也即將用罄，我只能眼神含怨看著導遊。

「那也沒辦法，不過既然都大老遠跑來，我也不希望你們玩得不盡興，不如我提供一個優惠，回程時順路帶你們參觀馬賽部落。」

乍聽之下這個行程變動我們有損有得，然而網路上Safari報價大約每天一百三十到一百五十美金、參觀部落再加十美金，無論如何我們都是被吃乾抹淨的一方；但眼前我們早無法議價，而且我想對黃晟恩而言，一百美金的價差根本不算什麼，如何在短暫假期中體驗更多才是重點。

「就這樣吧。」我滿肚子大便地說，畢竟還能怎麼樣呢？

——

直到我們的吉普車進入賽倫蓋提，一望無際的金色草原才讓我逐漸回復情緒，鴕鳥從乾草叢中探頭、成群的羚羊朝著相同方向佇立、偶然在道路上一閃而逝的是草原狼的瘦小身軀。

雖然前幾天遇到一個背包客告知今年因為氣候變遷，多數動物已經提早移動到肯亞的馬賽馬拉草原，導遊也證實這個說法。我們還是被留在賽倫蓋提尚未遷徙的成群斑馬、牛羚和水牛震懾住，牠們集體行動尋找食物和水源，以減少遇到凶猛肉食動物時被捕食的機率。

整趟 Safari 行程我最期待看見大象和獅子，沒想到這個願望第一天就圓滿實現。

剛進入草原不久，便出現大約四十頭大象在夕陽下緩緩移動，待在吉普車上凝望眼前畫面，這些龐然大物強而有力的身軀深深吸引著我。

離開象群後經過河邊，突然看見一隻獅子埋伏在樹叢伏擊經過的羚羊，短短幾秒鐘的追逐決定生死，整個過程驚心動魄，我們屏住呼吸等待並猜測這隻羚羊能否逃過死劫，最後牠成功地把獅子越甩越遠。

隔天清晨我們第二次看見獅子時，倒在草叢中那隻牛羚就沒那麼幸運，圍在牠身邊那幾隻獅子滿臉鮮血，凶猛地肢解這隻動物，只見牛羚的內臟和腸子流了一地，兀鷹和鬣狗則躲在旁邊等待獅群吃飽，想要分食地上的碎肉。

整個賽倫蓋提草原最難見到的動物是犀牛，導遊甚至說他從業生涯中從未看過，因為犀牛害怕人類，總是生活在距離道路遙遠的地方。沒想到最後一天離開賽倫蓋提前，導遊突然興奮地大喊遠方有犀牛，雖然我們用望遠鏡找了半天才勉強看到輪廓，但這樣的好運已經讓我十分滿足。

在賽倫蓋提旅行這三天裡，無數畫面令人讚嘆自然的奧妙：在河裡泡澡的河馬群、數以千計佇立湖中的紅鶴、在路邊尋找食物的疣豬，萬物都在這片浩瀚草原中和諧共存而不受到人類干擾，無怪乎賽倫蓋提被人稱作是動物最後的伊甸園。

———

回阿魯沙路上我心中五味雜陳，欣喜的是我們運氣好到爆炸，人們所說草原五霸的獅子、水牛、大象、豹和犀牛，我們不但全部集滿，甚至還看見獅子打獵，但只要想到這三天 Safari 我們比合理價格多付了一百美金，心情便蒙上一層陰影。

我突然察覺自己的情緒很有趣，從不同角度思考便產生不同心情，滿足或遺憾竟然可以在瞬間轉變，我細細品嘗這樣的變化。想起上一次有類似經驗是在沙蘭港被搶後，一方面欣喜自己還活著，同時對於十萬台幣的損失沮喪不已，我把這個觀察告訴身邊的黃晟恩。

「整體而言你滿意這趟 Safari 嗎？」他聽完以後突然問。

「很滿意吧。」我被這個回應弄得一頭霧水，有些不解地說。

「過去的一切都是成就現在的要素，如果你現在覺得這趟旅行是滿意的，過程中發生的壞事便無須沮喪。」

「可是付這樣的錢我們應該要去草原 Safari 四天啊！」

「你怎麼知道 Safari 四天我們會看見更多動物，的確很有可能會，但或許我們會很倒楣什麼也沒看見，沒發生的事情排列組合有無限種可能，去分析這些一點意義都沒有，如果你滿足於現下狀況，就沒有懊悔的必要。」

正當我細細咀嚼他的話時，黃晟恩突然指著窗外用荊棘圍起來的村莊大喊：「你看前面是馬賽部落！」

草原上成群結隊尋找水源和食物的斑馬、牛羚、水牛

只要付十塊美金入場費就能參觀的馬賽部落

喚拜聲

中東

附論：星月旗下的革命

埃及在二〇一一年的阿拉伯之春推翻執政長達三十年的獨裁者穆巴拉克，後來雖然擁有短暫的民選政府，但在二〇一三年爆發政變，將軍塞西推翻民選政府，埃及重新回歸強人獨裁。

我在開羅和一位政治異議分子穆薩（化名）見面，想跟他交流兩國的社會情勢，見面後我提議去咖啡廳聊天，穆薩卻說塞西上任後便勒令開羅多數咖啡廳停業、避免知識分子討論時政，所以不太容易找到咖啡廳。我們只好在解放廣場散步，穆薩卻不時提醒我講話要放低音量，因為一個埃及人和外國人在一起非常顯眼，他擔心我們會被秘密警察盯上。

這樣的政治氛圍令人窒息，穆薩告訴我，塞西擔心二〇一一年的革命會重演，所以對國內政治的箝制力道遠勝過穆巴拉克。

埃及從推翻法魯克國王建立共和開始，每一任總統都是軍方出身，導致這個國家出現一個由軍方組成的龐大利益集團，他們經營礦產、營建業、有自己的飯店和渡假村。根據 BBC 報導，埃及軍方握有的資產占全國 GDP 四成，二〇一一年革命以後，人民選出非軍方出身的穆斯林兄弟會執政，這個結局想必讓軍方相當不滿，因此軍方是二〇一三年政變主力。

我相當好奇，為什麼在二〇一三年的軍事政變中，人民不像二〇一一的阿拉伯之春，拿著刀械和石頭對抗軍方、捍衛自己選出來的總統？

這牽涉到中東政局最特殊的問題——宗教，當初反對穆巴拉克的勢力，包括穆斯林兄弟會、大學生、社會主義者、科普特人等眾多勢力。革命成功後穆斯林兄弟會經過選舉取得政權，卻拋棄先前的戰友，他們是伊斯蘭基本教義派，跟哈瑪斯恐怖組織以及伊朗交好，並打壓科普特教會和西化的知識分子，各種措施都讓穆斯林兄弟會的支持度節節下降，因此二〇一三塞西發動軍事政變時，有許多民眾甚至上街支持。

軍方再次奪得政權，讓穆薩絕望無比，他知道要讓掌握武力的軍政府交出政權，除非來自人民的壓力大到無法負荷，但埃及的困境就在於各方勢力無法放下宗教歧見，只要人們不攜手合作，獨裁者就會獲得最後勝利。

絕望

飢餓腐蝕著注意力，我很想忽略，空蕩蕩的胃卻像被人放了一塊燒紅的炭，不時用炙熱提醒我自己的處境。

路克索

Luxor

第一次意識到錢快要用完是在離開開羅的那天早上，雖然現金袋裡還有幾百埃鎊，但是扣掉往返路克索的車票、旅館錢和景點門票，我發現自己平均一天只剩下十埃鎊（約台幣三十元）吃飯。

我打開救急用錢袋，才想到所有美金都在沙蘭港被搶光，拿出提款卡想去ATM提款，卻遇到在第三世界國家旅行最容易遇到的困擾：也就是ATM無法辨識你的卡。慌亂地站在開羅大街，天氣炎熱無比，我卻冷汗直冒，接下來的幾天到底該怎麼活下去？

即使瀕臨破產，已經來到路克索，地標景點帝王谷和卡納克神廟還是得去看，傳統美食鴿子包飯我也不想錯過，毫不節制的下場，耗盡積蓄山窮水盡時距離我離開埃及還有兩天。

我拿出之前爬喜馬拉雅山用剩的淨水碇，開始喝自來水節省開銷，吃旅館供應的早餐時，我會多拿兩條麵包藏在袋子，儘管如此，食物還是不夠，大部分時間我依然處在飢餓狀態。

旅館中有跟我相談甚歡的旅客，我知道自己只要開口，討個五埃鎊就可以買埃及的國民食物庫西利（Koshari），想吃飽絕對不是問題。但我就是拉不下臉，大家旅行都不闊綽，非親非故實在沒有資格向他們討錢，於是只好忍住飢餓，受不了就咬兩口袋裡的麵包充飢。

我漫步在卡納克神廟，雄偉的方尖碑和宮殿石柱令人震撼，但我卻無法細細品味；飢餓腐蝕著注意力，我很想忽略，空蕩蕩的胃卻像被人放了一塊燒紅的炭，不時用炙熱提醒我自己的處境。

我走到正殿外的廣場，一個女人蹲在路邊眼巴巴望著我，右手放在嘴邊作勢抓東西，這是乞討的意思。我苦笑著攤開空蕩蕩的皮夾，右手摸摸肚子示意自己也很餓，她別過頭滿臉不相信，這讓我有些受傷，好想告訴她自己現在比她還窮，但終究只能百口莫辯轉身離開。

回旅館的路上我至少被十來個掮客纏住，有人要我搭馬車、有人推銷小石雕神像；不管我說不要還是說沒錢，他們依然像聽不懂人話死皮賴臉纏著，有人主動降價、有人說我一定有錢，我無奈只好別過臉不看他們、加快腳步逃離現場。

晚上去車站買巴士票，我掏出最後一張百元埃鎊鈔票，按照計畫只要能搭上這班夜車，明天清晨就會回到開羅，前往機場搭飛機去伊斯坦堡，我想較為發達的土耳其應該能順利領出錢吧。

拿過車票正準備離開，售票員卻突然叫住我並遞回二十五埃鎊的鈔票，詢問之下發現回開羅的巴士竟然比來程便宜，我當初其實不需要預留這麼多錢，這筆意外掉下來的錢財讓我飄飄然。

我恍惚地離開巴士站，落魄潦倒了兩天，手上突然多出二十五埃鎊，這讓我有些不知所措。我走到附近的餐廳買了甘蔗汁和牛肝袋餅站在路邊放肆大嚼，這時有一個女人跑到我身邊，右手放在嘴邊作勢抓東西，看著她的臉想到自己這兩天的狼狽，我不由得苦笑，從剛才買牛肝袋餅找的零錢掏出一埃鎊放在她的手中。

甜滋滋

剛才幾乎所有攤販都在注意我們的互動，這時他們全都揮手對著我喊：「照片！照片！」

伊斯坦堡

Istanbul

從開羅到伊斯坦堡，雖然同屬伊斯蘭世界，帶給我的感受卻天差地別，這邊隨處可見明亮的陽光和翠綠的草皮，輕軌電車不時從旁邊駛過。繞進住宅區的巷弄，櫛比鱗次的房屋融合了歐洲和伊斯蘭風格，忽然不經意抬起頭，遠方山丘上佇立的清真寺正驕傲地俯看這座偉大的城市。

伊斯坦堡曾經是拜占庭帝國和鄂圖曼帝國的首都，作為世界上最強大帝國的首都長達十多個世紀，漫步這座城市到處都會發現歷史留下的痕跡。

站在金角灣的加拉塔橋，遙想拜占庭海軍在此和來自亞洲的伊斯蘭帝國征戰千年，保護了歐洲的基督教文明，走進聖索菲亞教堂，看著內部同時並存著伊斯蘭書法和基督教馬賽克壁畫，便憶起鄂圖曼帝國攻陷君士坦丁堡後，把聖索菲亞教堂改建成清真寺的野心。

單純拜訪景點並不是我喜歡的旅行方式，我認為人們的生活才能真正代表一座城市的內涵，在離開前我空出好幾天，專程跑去郊區的住宅區閒晃。

——

這天我意外闖進一個傳統市集，飽滿鮮嫩的桃子、李子、櫻桃成堆擺放，色彩繽紛的水果和前來採購的人潮意外形成一幅美麗圖畫，我不自覺拿起相機想要拍攝。旁邊攤販的老闆指著我大聲說了一串土耳其語，我嚇了一跳，他的舉動讓我想起自己在非洲拍照時總被路人責罵，於是有些沮喪地收起相機，畢竟還是得尊重當地人的感受。

「照片！照片！」那個攤販老闆發現我聽不懂土耳其語，開始用零碎的英語單字對我說，我聽見他的語氣中沒有責備的意思，同時開始擺起 pose，才意識到原來他是要我幫他拍照。

這個老闆實在太有趣，當我看著他擺 pose 時充滿渴望的眼神，忍不住笑了出來，很配合地幫他拍了幾張照片、把相機遞給他看，他滿意地點了點頭，順手拔下幾顆黃色櫻桃遞給我，雖然覺得無功不受祿，不過我也實在好奇黃色櫻桃究竟是什麼味道，便接過來放進嘴裡。

當我轉過身要繼續探索市集時，才發現事情大條，原來剛才幾乎所有攤販都在注意我們的互動，這時他們全都揮手對著我喊：「照片！照片！」

——

離開市集時，我的手中多出整整一袋水果，儘管極力想要回絕，但看著一群毛茸茸的土耳其大叔張著水汪汪大眼睛巴望你收下禮物，我終究不忍心拒絕，只能無奈又感動地接過。

我繼續在街上閒晃，突然注意到一間甜點店的玻璃櫥窗裡擺著果仁蜜餅（Baklava），由於朋友大力推薦，之前便一直很想買來嘗嘗看，但在觀光區的價格總是高得不合理。我猜想現在身處住宅區，應該可以買到比較便宜的果仁蜜餅，進去詢問後果然價格只有觀光區的一半。

我迫不及待買了兩塊塞進口中，濃稠的糖漿從酥皮迸發，我早就聽說土耳其的甜食都非常甜，實際品嘗果然名不虛傳，那個甜度大概連螞蟻都會得糖尿病，我覺得自己的味覺被破壞，完全吃不到甜膩以外其他味道。

老闆面無表情地用帶有漂亮曲線的土耳其茶杯裝了紅茶給我，用手指示意我在吃果仁蜜餅的同時喝茶。我按照指示咬了一口果仁蜜餅，接著把熱茶灌進口中，果仁蜜餅和熱茶的味道意外搭配，甜膩變成了順口，濃濃的奶香和堅果香在尾韻慢慢散發。

我滿足地吃完這頓甜滋滋的下午茶，掏開皮夾想付熱茶的錢，沒想到老闆卻搖搖頭用破碎的英文說：「你、朋友、免費。」

在石頭城和哈吉聊到伊斯蘭教時，他曾經告訴我古蘭經說所有遠道而來的人都是朋友，穆斯林必須竭盡所能招待他們。我想到今天的水果以及這杯熱茶，心中被另一種甜滋滋的味道占據，這個味道讓我的臉上展露出微笑，始終面無表情的老闆看著我，終於也露出笑容。

伊斯坦堡郊區的市集裡面，
我遇到一群愛照相的大叔

附論：真主至大

離開伊斯坦堡以後，我搭乘巴士深入安納托利亞高原，想要更加深入土耳其的庶民生活，於是開始沙發衝浪。鄉下地方的人們相當純樸，對伊斯蘭的信仰也更加虔誠，他們的友善往往讓我感動不已，但跟這些虔誠的穆斯林相處，我很容易不小心就踩到紅線。

「你相信世界上有神嗎？」一位沙發主問我。

「我是不可知論者，我不認為人類的智慧，可以去討論神的存在。」

「為什麼你不覺得世界上有神！你轉頭看看周圍，風的吹拂、水的流動，萬物都是神存在的證據，沒有神怎麼可能會有這麼和諧的世界！」沙發主突然暴怒對著我大吼。

世界上到底有沒有神，這是深層的哲學問題，由於東西方對「神」的概念相差太多，西方的一神信仰回歸本質是在探究萬物有沒有一個超然的主宰，而這樣的主宰不像道教的神有辦法具象化，反而可以解釋為萬物定律，所以我沒辦法用邏輯或現象否認神的存在。

中東的人們很喜歡討論這個問題，我曾聽過一個說法，這邊的貧窮國家活著沒有希望，人們只好寄託宗教、富裕國家生活沒有娛樂，於是人們討論宗教，才會天天辯論神是否存在。

大概是一神信仰的本質使然，他們完全不能接受和自己不同的答案，所以伊斯蘭教和基督教即使內涵幾乎相同，僅因為基督教認為耶穌是聖子、伊斯蘭教認為是先知，雙方便廝殺了一千多年。

我在黑海邊的港口特拉布宗再次碰到沙發主問出這個問題，我有點懶得跟他吵架，便回答「我向來聽從阿拉的教誨（備註1）」，還應他的邀請一起禱告，幸虧哈吉之前有教過我該怎麼禱告，這才沒有露餡，結束後我們走出清真寺，沙發主大力擁抱我，那個力道好緊好緊就像兄弟一樣。

備註1
「穆斯林」即服從阿拉者，這句話的意思等於說我是穆斯林。

仇恨

這個區域到處都是亞美尼亞人存在過的痕跡，卻看不見任何一張亞美尼亞臉孔。

凡城
Van

第一次察覺土耳其這個國家祥和的外表下暗潮洶湧，是當我搭乘巴士從特拉布宗前往多烏巴亞澤特時，注意到附近農村豎立的土耳其國旗被撕成碎片，殘餘的紅布高掛在旗桿上無力飄揚。

我知道自己即將進入一個不平靜的地區。

從一九二三年土耳其建立共和國開始，政府從未放棄建立單一民族國家的野心，由於庫德人和土耳其人很難從外表上辨別，只能用語言和文化區分，因此土耳其政府極力抹殺庫德文化，禁止庫德語的廣播和教育、否認庫德族的身分登記，近年甚至被指控資助伊斯蘭國屠殺庫德人。

土耳其政府這些不友善的措施引起境內庫德人強烈反彈，他們開始聯合敘利亞和伊拉克境內的庫德人反抗，試圖建立自己的國家。我的旅行路線原本想經由土耳其南部前往凡城，聽當地人說幾個南部大城的街頭甚至可以看到政府軍和庫德族在槍戰，我才改變路線繞著黑海往東走。

庫德地區是我這趟旅行中所經過最靠近天堂的地方，一望無垠的金色草原以及山脈，森林和羊群點綴其間，清真寺的喚拜塔從農村房舍中高高聳立。當我在街邊向用驢子拉著整車桃子或葡萄的小販購買水果時，他們往往會給我一個友善微笑，揮手表示不能收客人的錢。

這邊的新聞卻充斥著可怕消息，凡城的沙發主希爾凡每天早上都會看著手機念當天頭條給我聽，這些新聞多半是恐怖攻擊爆炸案，或是庫德人襲擊政府單位導致多少傷亡，因此當我看到軍隊開著裝甲車巡邏或在街角架起重機槍，也就見怪不怪。

——

這天我和希爾凡搭船去阿克達瑪島，這是凡湖中央的一座秀麗島嶼，湖水由近而遠分別是翡翠綠和土耳其藍，遠方被壯闊群山和一望無際的天空包圍，我坐在金色草原上出神望著眼前風景。

「幹你娘艾爾多安（備註1）！去你的土耳其！」突然一個小孩在我身邊大喊，把我嚇了一跳。

「你別理他，這邊很多小孩還沒到上學年紀，就已經很有政治意識。」希爾凡笑著說：「但也不能怪他們，畢竟大家都活在政治影響中，比方我是庫德人，土耳其語卻講得比庫德語流利，有時候和父母溝通還會有困難。」

我有點驚訝，這樣的生活背景讓我產生似曾相識的恍惚，小時候在眷村學校讀書，許多同學非常鄙視台語，也影響我產生不屑講台語的愚蠢心態。儘管長大以後努力惡補，但直到現在，我和本省籍的奶奶依然無法流暢交談，我把這段幼稚的過去告訴希爾凡。

「唉，人們總是愚蠢，都會善待遠方到來的客人，卻不願意跟身邊的鄰居和平共處。」希爾凡嘆了口氣說。

——

我們散步經過島上的聖十字教堂，這間亞美尼亞教堂在環繞的群山和湖水襯映下，成為整個風景的一部分。

其實從進入安納托利亞高原東部開始，我便出現奇異的錯覺，明明是庫德族的土地，卻遍地充滿亞美尼亞人的遺跡，包括亞美尼亞國徽中央的圖案聖山亞拉拉特、矗立

阿克達瑪島的聖十字教堂屬於亞美尼亞風格，附近卻不見亞美尼亞人的蹤影

在峭壁上的凡城堡壘，這個區域到處都是亞美尼亞人存在過的痕跡，卻看不見任何一張亞美尼亞臉孔。

在土耳其建國更早之前，鄂圖曼帝國把被俄羅斯擊敗的責任怪罪到亞美尼亞人身上，指責他們同樣是邪惡的基督徒。當時土耳其人和庫德人聯合起來對亞美尼亞人進行報復性的種族滅絕，超過一百萬的亞美尼亞人遭到屠殺，倖存者逃到今天的高加索山區，封閉了兩國邊境。

時至今日，亞美尼亞的聖山亞拉拉特矗立在土耳其境內，阿克達瑪島上聖十字教堂中的壁畫逐漸剝落，兩國邊境從未開啟，而曾經遍布安納托利亞高原的亞美尼亞人，徹底地消失在祖先居住過的土地。

備註1

時任土耳其總統，以強悍手段撕毀與庫德工人黨的和平協議，因而導致庫德地區的內戰。

歷史的重量
歐洲
ALICANTE

附論：揮舞自己的國旗

漫步在巴塞隆納街頭，不難注意到許多民房陽台懸掛著加泰隆尼亞獨立星旗；參觀著名現代主義建築「加泰隆尼亞音樂廳」時，看見許多角落點綴著象徵加泰隆尼亞守護者聖喬治的玫瑰花；天才建築師高第的巴特由公寓，更是把整棟建築外觀設計成聖喬治所屠殺的惡龍。

由於語言文化和西班牙不相通，加上遭到壓迫的歷史，加泰隆尼亞要求獨立的聲浪未曾斷絕，近年西班牙疲軟的經濟，更成為讓火勢蔓延的東風。一位當地朋友向我抱怨，加泰隆尼亞貢獻西班牙總稅收超過五分之一，卻從未自中央政府獲得相應的基礎建設經費。

在我回國以後半年，加泰隆尼亞自治政府展開公投，並單方面宣布獨立；當時台灣經歷過太陽花學運和政黨輪替，人們對於國家的想像百家爭鳴。有認為台灣需要重新制憲獨立建國，也有認為台灣屬於中華民國、而中華民國早已獨立毋須另行宣布，加泰隆尼亞獨立公投這個導火線將此議題的爭論帶向另一波高潮。

在朋友的激烈爭執中，我不禁開始思考一個看似簡單實則複雜的問題——「獨立是什麼？

這個世界上有百分之百獨立的國家嗎？」

我首先想到香港，這個沒有太大爭議屬於中國的地區，有著不同於中國的護照和貨幣系統、獨立運作的三權分立政府，當中國人民要進入香港時，甚至需要取得香港簽證。接著我想到日本與韓國，這兩個無庸置疑的獨立國家，日本憲法不是由日本人民所訂立、韓國軍隊指揮權掌握在美國手中。

我不認為獨立與非獨立有一條很明確的界線，或者應該說，獨立是一個比例的問題，例如日本與韓國可能是百分之九十獨立、台灣可能是百分之七十獨立、香港可能只有百分之三十獨立。縱使世上存在國防外交完全自主不受國際規範的國家，其做出政治決定，實質上依然會受到其他國家甚至國際組織干涉。

獨立與否也只是個變動概念，例如西藏，從有軍隊外交的獨立政治實體，遭到中國侵略而成為其下轄的自治區。例如科索沃，從塞爾維亞的一省，變成百餘國承認的獨立國家。

加泰隆尼亞於本文寫作時（二〇一七年十二月）依然處於政治僵局，西班牙政府在獨立宣言發表後強勢解散其政府和議會，這場棋局看似由西班牙領先，然而獨立與否是比例問題、並且會持續變動，決定一個國家的走向並非一夕間的事，加泰隆尼亞未來將走向何處，目前依然是未知數。

加泰隆尼亞郊外某座山丘的十字點被人畫上獨立星旗，並用加特蘭語寫著「我們的土地」

VISCA la TERRA!

不同

「因為你們是外國人，我剛剛在外面看見你們時便想，巴伐利亞的文化這麼美好，如果能夠和你們分享的話，是再美好不過的事情了。」

慕尼黑

Munich

從南歐一路玩到德國，剛好女友飛完長班拿到幾天假，便搭飛機來找我。抵達慕尼黑時發現正值啤酒節，住宿價格飆翻天，只得急忙向一位在這邊讀書的學姊求救，剛好她有室友返鄉回台，便把房間用二十歐元一晚的便宜價格租給我們。

這天去瑪莉恩廣場附近一家有名的啤酒餐廳吃飯，這裡終日擠滿觀光客，服務生穿梭其間為人們送上啤酒與烤肉，樂團在台上演唱傳統樂曲，每當演奏到人們熟悉的旋律時，總有許多客人在台下跟著大聲歌唱。

當時我被周圍氣氛感染，想要再加點啤酒，便向負責這區的服務生招手，沒想到他瞥了我一眼後便轉身走開。我和女友有點傻眼，竊竊私語猜測或許他正在忙，沒想到他竟是跑去跟別桌客人聊天。

這件事讓我完全失去吃飯的心情，拉著女友就要結帳，服務生先是給我們一張二十三歐元的帳單，再拿出計算機叫我們要給他二十七歐元，我疑惑地詢問多出四歐元是怎麼回事。

「小費。」他愛理不理地說，這讓我非常生氣，除了服務態度很糟，這間餐廳並沒有硬性規定小費比例，服務生指定小費數字根本粗魯又無禮。

「你的服務只值這個價錢。」女友趁我還沒罵人前丟了二十五歐元在桌上，氣沖沖拉著我往門外走。

旅行至今我不是首次遇到無禮對待，這裡是歐洲，上個世紀存留的刻板印象給了我

一個可能的解答——種族歧視。

儘管我受到無禮待遇有千萬種可能原因，或許我揮手的舉動不當、或許他正在忙、甚至可能我錯認別桌的服務生，人的腦中只要出現執念，便會像小火苗逐漸燒成燎原烈火，我告訴女友這個想法。

「每個人多少都受到各種刻板印象影響，我去印度害怕被強暴、你被搶劫後覺得黑人很危險，當我們把刻板印象化為行動，例如我飛印度班不敢離開飯店、你被搶劫後不敢在非洲單獨行動，這些行為或多或少就是種族歧視，但這無可厚非，我們只能做到認識一個人以後，不再使用刻板印象對待。」女友想了一下說。

晚上由學姊下廚，我把這件事告訴她，好奇地問她德國種族歧視問題算不算嚴重。我有點悲觀地想著曾被納粹洗禮過的德國，應該最明白種族主義有多麼可怕，如果種族歧視在這邊還這麼赤裸裸，這個世界也未免太悲哀。

「德國跟周邊國家相比算是不嚴重，至少不常見明目張膽的歧視；事實上那個服務生也沒說出任何種族歧視言論，你不知道這件事是單純那個服務生渾蛋還是涉及種族歧視，人做出舉動會參雜許多動機，你不知道背後動機，就無法論斷他是因為種族而給你差別待遇。」學姊一邊切菜一邊說。

——

儘管如此我的心中依然充滿怒火，旅遊心情被消磨殆盡，甚至想提早離開德國，但女友回國班機從慕尼黑起飛，我沒得選擇只能繼續待在這裡陪她。我已對什麼事情都失了興致，甚至連啤酒節開幕嘉年華都懶得去看。

離開前一晚女友還是想看啤酒節，便拉著我搭地鐵過去，剛走出地鐵站便看見高聳的摩天輪和雲霄飛車。無論男女老少都穿著巴伐利亞傳統服飾，我像是看見糖果屋的小孩衝進人群，才驚覺這幾天賭氣不出門的舉動讓我錯失多少。

巨大的啤酒帳篷出現在眼前，許多人被擋在門口，每當夜幕低垂這些啤酒帳篷便會邀請樂團表演，沒有預訂座位就無法進去。我們羨慕地站在門口吹著寒風，眼巴巴望著帳篷內人們喝啤酒吃烤雞，不時有人跳上桌狂歡跳舞。

「你們想要進去嗎？我有個禮物可以送你們。」突然有位德國媽媽在我們背後說，接著便拉起我們的手腕拿出手環綁上。

這個舉動讓我想起巴黎許多敲詐便是藉口綁幸運手環，但不知為何我覺得眼前這個德國媽媽可以信任，她幫我們綁完象徵門票的手環便拉著我們進入啤酒帳篷，示意我們和她坐在一起，我拿起菜單發現每杯啤酒都要價十二歐元，這讓我和女友有點卻步，便決定兩人合點一杯。

當服務生端來兩杯啤酒時我有些訝異，身旁一位大叔笑著說啤酒節不要吝嗇，如果覺得貴這杯算他請客，我開心又感激地舉起啤酒，和同桌所有人一起暢飲，同時拿起扭結麵包塞進嘴巴，濃濃的麥香和粗粒鹽巴搭配啤酒的味道一齊在嘴巴綻放開來，我忍不住開心地微笑。

酒酣耳熱之際我和女友去外面乘涼休息，突然見到德國媽媽走出啤酒帳篷抽菸，我們便聊了起來，這時女友好奇詢問她為什麼帶我們進來。

「因為你們是外國人，我剛剛在外面看見你們時便想，巴伐利亞的文化這麼美好，如果能夠和你們分享的話，是再美好不過的事情了。」德國媽媽說，但因為她們距離有點遠，我只能依稀聽到這些話，其他聲音都被人潮聲淹沒。

冷

我站在毒氣室裡，想著四分之三個世紀以前，每天都有數千人在這裡掙扎死去。

柏林

Berlin

女友年假結束以後，回到一個人的旅行，這時歐洲開始進入秋天，從慕尼黑到柏林一路陰雨綿綿。我漸漸感受澤木耕太郎在《深夜特急》中提到歐洲特別冷這件事，那樣的冷不只是氣溫。

歐洲物價貴了好幾倍，我不得已住進宿舍房，這並不意味夜晚比較不寂寞，在亞、非旅行，每天要無止盡和人交流，無論想要撈好處的掮客、投以好奇眼神的當地人、其他闖蕩世界的背包客。走出房門意味開始與人互動，回到旅館等於把一切關在外面，我享受單人房創造的寧靜小天地。

進入歐洲就像回到台北，人與人沒事不會閒聊，或許客氣不願打擾、或許這邊太多來自東亞的遊客和學生導致人們對我沒興趣，即使背包客大多也只在青年旅館交朋友，而個性害羞讓我不太容易與人交談，對話也僅限禮貌問候。

白天時通常還好，歐洲有太多景點可以參觀，我總是流連在這些景點，無論夢幻的新天鵝堡或古騰堡的中世紀小鎮都相當迷人。但由於時差，晚上我上線時朋友或女友都已入睡，沒人陪我聊天，往往只能無聊地上網看電影或 PTT。

———

從西亞來到歐洲後，天氣從乾熱變成濕冷，我開始發燒咳嗽吐黃痰，加上生活費太貴，不出門就像虧到。因此我沒有好好休息，還是每天往外跑，這使得病情一直沒有好轉。

離開慕尼黑前最後一天我去參觀達豪集中營，牆上掛著許多受難者進入集中營前的照片，或許和情人在野餐、充滿愛意抱著兒子、拿著畢業證書驕傲地露出笑容，這些人在進入集中營前都有各自的生活和角色，就跟我一樣平凡而幸福，這讓我對他們的處境更有共鳴。

進入集中營後人們會剃髮並穿上囚衣，原本彩色的人生變得單調而灰白，他們被抓進來的目的是規訓和再教育，這個理由跟監獄一樣，不過其犯罪內容是種族、性向、宗教或政治思想，而生活待遇遠比監獄更不人道。

生活在集中營的人們，戰爭末期甚至達到兩千多人睡在高中教室大小的房間，每天都有數十具屍體被抬出來，但空間依然不夠，納粹政府只好把人送進毒氣室，那是一個長長的營房，人們排隊脫衣進入，集體屠殺以後便直接把屍體扛進隔壁的焚化爐燒掉，過程一貫作業，這樣的概念讓我反胃至極。

我站在毒氣室裡，想著四分之三個世紀以前，每天都有數千人在這裡掙扎死去。這些人都曾擁有幸福而平凡的生活，卻在人類集體瘋狂的驅使下成為光溜溜堆積如山彷若垃圾的屍體；我走出毒氣室的大門，天空依然灰濛濛，冷颼颼的空氣深深刺進身體。

戰後等待歐洲的是另一場更漫長的折磨，戰敗的德國遭到西方列強和蘇聯的分區占領，最終分裂成兩個德國，由於每天都有數以千計的人逃向西方，東德政府決定建造巨大的圍牆關起自己的國民。

我漫步在柏林的圍牆公園，一九六一年某一天柏林突然架起鐵絲網，有人只是早上出門買菜就再也回不了家，有人和親戚家只相隔一條街，卻再也無法相見。我站上瞭望台看著圍牆內，無論軍哨或拒馬鐵絲網都讓我疑惑，這些都是用在監獄的東西，如果國家是人民的集合體，它為了什麼理由可以監禁全國人民？

如今這道薄薄的牆四周蔓溢荒草，牆面上許多創意塗鴉，但這仍然無法掩蓋我在空氣中聽見的哭泣聲。根據東德博物館資料，當時每六十四人中就有一人為秘密警察系統工作，人們生活在監視與恐懼之中，多少自由的靈魂被困在這道牆裡，又有多少分離的故事因為這道牆而生。

我漫步在菩提樹下，近代歐洲經歷人類兩次集體瘋狂的折磨，包括殘暴病態的納粹屠殺，以及共產統治漫漫長夜的煎熬；這讓我回想起前往萊比錫的火車上遇到一位主動幫我指路的和藹老奶奶，聊天時才發現她已八十多歲，當時我沒有意識到，回想起來才發現她竟然經歷過納粹和共產統治，藏在皺紋下那深邃的眼睛裡，應該好多次噙著淚水經歷生離死別吧。

我回到青年旅館大廳，牆上電視正播報著明天的氣象預告，依然是陰雨天，我回到那充滿住客卻無比寂寞的宿舍，獨自躲進被窩，想用體溫驅走一點歐洲刺骨的寒氣。

附論：歷史的教訓

位於波蘭的奧辛威茲，是納粹屠殺最慘無人道的地獄，超過一百一十萬人死於此處，戰爭末期德軍甚至修建一條鐵路，將戰俘一車車送進奧辛威茲的毒氣室。由於物資缺乏，屍體燒成灰可以作為肥料、頭髮剪下來可以當作枕頭填充物，集中營展區甚至可見堆積如山的骨灰和頭髮。

我在參觀集中營時，導覽員不停複述德國人如何殘暴，她說德軍會把波蘭家庭分開，用毒氣殺害妻子和小孩，再讓丈夫去清理他們的屍體，她連續說了好幾個故事，聲聲血淚控訴納粹德國的邪惡。

聽完這些故事，我注意到周圍不少人偷偷拭淚，但我卻驚覺：整座奧辛威茲集中營不停強調納粹屠殺的邪惡，卻未對其思想內涵多做著墨，我想多數參觀者因此會對納粹充滿憤恨，卻不知道當初納粹主義是如何讓德國為之瘋狂，甚至煽動千萬青年投入戰場。

納粹思想無庸置疑是純粹的邪惡，但卻對遭外人欺負的群體充滿吸引

力，因而在過去讓許多人為之瘋狂，如果人們沒有真正理解這個思想，並作為借鏡，未來它只要換個名字，還是很可能讓世界再次為之瘋狂，然後犯下相同錯誤。

納粹（Nazi）全名為「國家社會主義」，基本精神是犧牲部分人權，換取國家的強盛，將其認定會有害國家進步的族群，例如共產黨、天主教徒、同性戀、遊民和猶太人帶離社會集中管理（簡單講就是坐牢）。但這些人依然有勞動力，若是這樣白白浪費就太可惜，為了極大化他們對國家的貢獻，集中營會讓「囚犯」集體勞動，為賓士或BMW工廠免費工作。

當時德國面臨一戰戰敗羞辱性的割地賠款，以及經濟大蕭條的沉重打擊，納粹主義就像一劑強心針，重新創造德國經濟空前繁榮、並給予德意志民族驕傲與自信，納粹黨才能在短短時間內透過選舉執掌政權。

時至今日世界主流思想口徑一致認定納粹就代表邪惡，但原汁原味的納粹言論卻依然在生活中層出不窮——「太自由讓社會紛擾阻礙經濟，專制一點比較好」、「同性戀沒辦法生育，讓他們結婚會有亡國危機」；會有這種現象，是因為我們把納粹思想簡化成種族主義，不曾理解並正視，便很容易犯下相同錯誤。

海的彼端　美國

無限

這個廣場正是這座巨大都會的縮影，每個角落都在發生著些什麼，宏觀讓人頭昏眼花、細看卻每個角落都值得駐足觀賞。

紐約

New York

在紐華克機場的海關排隊等待時，我便注意到一件有趣的事，旅行至今走過多數地區，民族組成都較為近似，這是我首次看見這麼多截然不同的面孔同時出現在一起，來自東亞、南亞、西亞、非洲、南歐、西北歐的人們，甚至更大多數經過混血，我無法辨認其祖先的家鄉，不同顏色和不同輪廓讓我暈眩。

我戰戰兢兢搭乘火車進入曼哈頓，剛走出車站便被眼前景象震撼得目瞪口呆，眼前擠滿高聳的摩天大樓，天空被壓縮到只剩一條細線，人們的腳步好快、喇叭和鳴笛聲四處響起，我像誤入叢林的小動物，驚恐地抬頭看著如同參天古木的建築物。

站在路口等待綠燈，身邊人們卻把號誌當空氣，即使紅燈照樣穿越馬路，只留下車輛在旁邊氣急敗壞按著喇叭，卻沒有人因此加快腳步，我觀察了幾分鐘，發現每個紐約客都這樣做，開始學著他們不甩紅綠燈，把整個曼哈頓都當成人行道。

在紐約這幾天我借住大學同學家，由於曼哈頓都市計畫非常完善，南北向稱為大道、東西向稱為街，只要知道地址不用地圖就能輕鬆找到朋友的公寓，卸下行李後我告訴他自己發現這邊都沒有人遵守紅綠燈。

「對啊！歡迎來到紐約。」同學聽完後笑著說。

——

在火車上看到有許多人打扮成電影人物和漫畫角色，才發現今天是萬聖節，聽說曼哈頓有一場變裝遊行，儘管昨天夜宿機場沒睡好加上時差影響，身體非常疲憊，但覺得因此錯過節慶，等到隔天睡飽後一定會很後悔，還是硬撐著沖完澡便出門。

當我靠近遊行會場時，注意到紐約警方在整個區域架起封鎖線，他們要求民眾必須從指定入口進入，沿著單一路線走向出口。雖然指定入口距離我現在的位置有數公里遠，也只能在心中暗罵兩句、聳聳肩準備離開，這時突然發現遠方開始鼓譟。

有些人覺得這規定不合理，便跟警察吵了起來，他們趁著混亂翻越柵欄往會場跑去，警察大聲喝斥，開始動手阻止人潮湧進。那樣的音量和凶悍程度如果發生在台灣，民眾大概馬上就投降了，然而美國人民崇尚自由主義、身體又流著拓荒者的強悍血液，雙方就這樣開始推擠謾罵。

場面一片混亂，由於不想被捲入，我便悄悄退出人潮，認命地朝下城區的遊行指定入口走去。

萬聖節遊行確實讓我開了眼界，相較於德國啤酒節人們穿著中世紀服裝遊行，這邊擺脫傳統束縛，奔放又創意。耶穌旁邊走著小丑女，面具殺人魔傑森和川普一起跳舞，有人穿著恐龍服裝到處亂跑嚇人，有人爬到附近教堂的鐘塔用線垂吊巨大蜘蛛娃娃，看起來就像蜘蛛爬上教堂。

一台麵包車經過，用擴音喇叭播放麥克傑克森的音樂，後面跟著數十個打扮成殭屍的人列隊跳著殭屍舞；旁邊另外一台改裝過的大卡車，不甘示弱地用重低音喇叭放著夜店音樂，上面賓拉登、自由女神、綠巨人浩克和忍者龜擠在欄杆邊隨著音樂跳舞，同時放出乾冰霧氣，整個大道瞬間變成露天夜店，各種聲光影像交織令人眼花撩亂。

每當充滿創意的表演出現，觀眾一定會捧場地大聲吹起口哨拍手，當我跟著人們鼓譟時，突然被什麼東西敲到，回過頭仔細一看才發現身旁竟然有個人假扮成行道樹正在摸我的頭，唯妙唯肖站在旁邊我完全沒有察覺，埋梗埋了這麼久，我忍不住大笑出聲和他擊掌。

由於遊行會經過住宅區，警方在晚上十點便要求散場，我沿著百老匯大道慢慢散步回家。經過時代廣場時，被眼前的景象震撼住，明明是夜晚但整個廣場被電子螢幕照耀得彷若白天，我駐足廣場中央慢慢旋轉看著四周，電子螢幕播放著不同的廣告。

這時我突然產生一種錯覺，這個廣場正是這座巨大都會的縮影，每個角落都在發生著些什麼，宏觀讓人頭昏眼花、細看卻每個角落都值得駐足觀賞，我持續旋轉，直到自己不再對眼前閃爍的景象暈眩才停止。

時代廣場的電子螢幕把夜晚照耀成了白天，四周都在播放廣告讓我眼花撩亂

附論：慾望城市

離開紐約前剛好碰到期中考結束，朋友便揪了一團留學生去夜店、順便幫我送行，出發前我詢問門票要多少錢，得到的答案竟然是看運氣，這讓我滿臉困惑，朋友笑著解釋：「夜店公關會看你這團有多少女生、女生漂不漂亮、穿著敢不敢露來決定票價。」

在夜店入口排隊等待時，大家的交談語言突然轉換成英文，他們告訴我之前來這邊卻因為講中文被拒絕入場，同時也叫我靠近安檢門時不要講話，因為我講英文亞洲口音非常明顯。

無論男生票價和團裡女生牽連，或是拒絕亞裔外國人入場，其實都相當市場取向：前者是為了平衡店裡男女比例，同時防止窮小子進來「降低格調」，也就是說男生想進來就必須找漂亮女生同行或負擔較高的票價；後者則是為了杜絕「水準較低」的亞裔移民和黑工，因為在美國出生或經濟能力較好的亞裔英文流利也比較沒有口音。

這樣的行銷手法顯然相當「政治不正確」，甚至有點接近歧視，但卻非常符合我對紐約的印象，這個城市聚集全世界的人才和資源，人們來到這裡競爭與掠奪，在這邊無論身體、金錢和交際手腕都能作為武器，用以換得自己想要的東西，既真實又血淋淋。

紐約並不適合弱者，由於節奏實在太快速，人們沒有時間和心神照顧失敗者，你可以選擇蹲在角落怨嘆不公平，或是擦乾眼淚並思考身上還剩下什麼資源，能讓自己在激烈的競爭場合中站起來，這就是我所認識的紐約客，為了生存只能變得更加強壯。

排隊時會有人來收錢，並在手臂上蓋章代表已付費，我注意到前面那團男生每個人都掏出五十元美金鈔票，但輪到隔壁的韓國人時，公關卻只收了二十元，同時還拉開繩子讓他們先進場。

冒險家的樂園

南美洲

搏鬥

我一眼就在地上積水中看到眼鏡的殘骸，整個鏡框完全扭曲變形。

波哥大

Bogota

在紐約待了兩個星期，準備好揮別安逸的舒服日子後，我便搭飛機前往波哥大，開始旅行的最後重頭戲——為期四個月的南美縱貫之旅；抵達當天晚上我在旅館交誼廳看見一張台灣面孔，交談後發現竟然是有名的背包客前輩方世宇，他醫學院剛畢業，決定利用 Gap Year 到拉丁美洲冒險。

隔天我們結伴去城郊的蒙賽拉特山，因為比較偏僻又靠近貧民窟，有時仍會發生社會案件，網路資訊再三警告來這邊千萬不要落單。

我們搭纜車登上蒙賽拉特山頂，鳥瞰整個波哥大，城區一直綿延到遠方，無論平原或山坡都蓋滿房屋，這是南美洲獨特的風景。由於城鄉發展嚴重失衡，大量人口湧進都市，平原房價越來越高，窮人都跑去山上蓋房子，導致大都會周邊山坡地往往坐落著貧民窟。

這些貧民窟生活條件相當惡劣，缺乏乾淨的水、人們住在木板和鐵皮搭建的違章建築、想要進入市區只能搭乘私營野雞車，艱困環境衍生出各種社會問題，包括搶劫、毒品和賣淫，但當時我們並不知道。

——

下山後我們在纜車站附近的坎德拉利亞區閒晃，周圍房子破舊卻帶著令人著迷的荒蕪美感，加上許多角落畫滿塗鴉，我們到處搜尋有趣風景。不知不覺離市中心越來越遠，回過頭才意識到不小心闖進早上在山頂看見的貧民窟，這時我心情卻很輕鬆，畢竟天色很亮、路上也有不少行人，加上兩個男人一起行動，實在難以想像會有危險。

我和方世宇漫步在貧民窟街道，周圍被漆成彩色的房子有些斑駁陰沉，馬路上幾個青少年正在踢球，看見我們經過時他們滿臉訝異。我轉過頭想跟方世宇說話，突然注意到其中三個青少年拿出刀子準備撲上來，他們的目標是我的側背包！

其中一個青少年看我回頭，慌忙扯住我的外套，舉起匕首就往胸口刺過來，我反射性地抓住他的手腕，發現他的力氣比想像中要小，便用力把他推倒；另一個青少年則趁亂揮刀攻擊我，刀刃擦過手臂劃出一道傷口，眼鏡在轉身抵擋時飛出。我看見他握著沾血的匕首，突然意識到雖然他們都只是孩子，但危險性卻依然不減，沒辦法只好丟下眼鏡，抓起側背包當盾牌撞開一條路死命逃跑。

方世宇在前面大喊救命，他也被幾個青少年包圍，手裡揮舞著攝影腳架沒人敢靠近他，但最令我震撼的事情是周圍許多路人旁觀，有爸爸推著嬰兒車、有媽媽牽著剛放學的孩童，這些人應該都是這些青少年的鄰居，不知道他們怎麼有辦法看著鄰居小孩當街搶劫還這麼無動於衷。

我本身短跑非常快，加上腎上腺素爆發，原本以為可以輕鬆甩開，沒想到跑到巷口回頭一看，那個拿刀的青少年離我竟然只有幾步之遙，我只好繼續沒命地逃跑，直到靠近警察局才停下，當然那個青少年已不見人影。

這時我身上的衣服被割破個洞，棉花從外套不停掉出，我想拜託警察陪我回到剛剛的地方撿回掉落的眼鏡，卻被嚇到連英文都不會說。幸虧方世宇很冷靜，加上西語能力很強，才有辦法跟警察解釋來龍去脈，此時警察聽完以後聳聳肩表示，那不是他的轄區，叫我們回去貧民窟的警局找人幫忙。

聽完翻譯我的理智線都快斷掉，這個警察為了踢皮球，竟然叫我們兩個外國人自己回去剛剛被攻擊的地方求救，到底是有多沒同理心，我正打算一哭二鬧三上吊反擊，幸虧同伴夠冷靜知道跟這種人爭執絕對沒好處，急忙拉著我走出警局。

方世宇帶著我在警局附近求救，很快便遇到正在巡邏的警察願意陪我們回案發地點，我們走在人行道，而他騎著機車緩緩跟著，就這樣沿著原路回到貧民窟，我注意到現場有幾個警察正在做筆錄，看來我們離開後應該有好心的路人報案。

我一眼就在地上積水中看到眼鏡殘骸，整個鏡框完全扭曲變形，顯然是被後來經過的車輛輾過，我拾起鏡架收進口袋，想帶回台灣紀念，接著有些落寞地轉身準備離去。

這時跟著我們一起過來的那位警察從後面追上，他說如果需要可以陪著回旅館，我們接受了這分好意。雖然他完全不會講英語，我和方世宇的西班牙文也沒有好到可以閒聊，不過他就這樣靜靜地騎著機車跟在身旁，竟然令我的焦慮漸漸安定。

走了將近一小時回到舊城區，看見我們在旅館前停下，那位警察才說自己要回轄區繼續巡邏；我急忙握住他的手鞠躬致謝，他卻笑著搖搖頭，接著發動機車掉頭回去。

波哥大的貧民窟中，
正在街上踢球的青少年

附論：禁區

在貧民窟遭到攻擊讓我相當震撼，主要是因為旅館老闆曾說過，在坎德拉利亞區散步基本上很安全，但若是超過某間教堂就開始會有危險，最後我們被攻擊的地點，只超過那間教堂兩個街口而已。

我把這次經驗告訴一位派駐薩爾瓦多做外交的朋友，她說拉丁美洲很多大城市都有這種現象，只要在安全區域內活動，基本上不太會遇到危險，但離開安全區域則隨時可能遭遇生命危險，這些話讓我產生一種錯覺，彷彿這些大城市都有所謂的「禁區」，裡面並不受政府管轄。

「禁區」形成的原因，我認為跟大量人口湧入都市有關，他們在農村活不下去，來到城市又找不到穩定工作，只能靠打零工勉強度日，加上人口過度聚集，自來水、醫療、大眾運輸等基本設施不足，生活條件極為惡劣，人們在極度壓抑下很容易鋌而走險。

最明顯的例子是哥倫比亞的麥德林，上世紀末被人暱稱為「毒品之都」，由於缺乏基礎建設，當地大毒梟幫貧民窟居民建設體育館和學校，並要求他們傳遞消息和提供武裝力量，儼然取代國家功能，在最囂張的一九九〇年代，其勢力甚至足以支撐軍隊對政府發動戰爭。

後來麥德林市長意識到一切犯罪都源於惡劣的生活條件，便決定深入禁區消滅貧窮，他首先在貧民窟興建各種公共建設，並搭建交通用的纜車和大型電扶梯，當地生活條件逐漸改善以後，百姓才放棄鋌而走險犯罪，讓毒梟失去支援，也讓犯罪率大幅下降。

二十年後的今天，麥德林的貧民窟不再危險，反而成為著名觀光景點，不同的生活方式成為最大賣點，「禁區」才終於重見天日。

隔絕

他們喜歡到沒有人去過的地方，用自己的方式走自己的路，看看最後會停在哪裡。

萊蒂西亞

Leticia

飛機即將降落時我打開窗戶，目光所及之處一望無際只有綠色叢林，與習慣看見的藍色海洋不同，顏色落差讓我彷彿變成色盲。

我從波哥大搭飛機進入萊蒂西亞，這座城市坐落在亞馬遜叢林深處，沒有任何水路或陸路和哥倫比亞其他城市連接，從這邊搭船往巴西的方向穿越雨林區需要兩星期、往秘魯的方向則耗時八天，我計畫從叢林最深處開始，搭乘貨船穿越整個亞馬遜。

萊蒂西亞就像一座孤島，與巴西的塔巴丁加和秘魯的聖羅莎相連，在這幾座城市穿梭既不用護照也無須換匯，三國貨幣在此可相互流通，這裡就像公海，出入境海關設在機場或港口，搭飛機過來時需要蓋出境章、然而又無需通關立即進入其他國家，處在這座三個城鎮複合的叢林孤島中，像是脫離了國家系統，我不身處任何國家管轄之下。

機場外有很多民宿主人在拉客，我比過價決定好住處，聽說自己選擇的這家民宿有提供wifi，完全出乎意料，我放好行李打開電腦準備跟家裡報平安，輸入密碼後訊號滿格，卻遲遲無法連上網。

「整個村落只有一座基地台，你想要用網路的話得等到深夜才有數據，而且應該只夠你發送文字訊息。」民宿主人走過來說。

民宿裡還住了一位德國女生麥蓮娜，她已經在叢林待了十多天，我很好奇這種連網路都連不上的地方，待這麼久是想做什麼非法勾當，儘管旅行中常常會遇到這樣的西方背包客，他們喜歡到沒有人去過的地方，用自己的方式走自己的路，看看最後會停在哪裡。

「生命的旅程只有一次，我不想複製別人的經驗，所以我不看旅遊攻略，我要自己探索這個廣闊的世界，想去哪裡就去哪裡，遇到困難就解決，這個世界對我沒有任何限制。」麥蓮娜解釋。

——

隔天我跟著麥蓮娜去拜訪一個宗旨為環境保育的非營利組織，他們在附近買下一塊地作為生態教育園區，雖然有導覽員解說，不過不會英語，幸好麥蓮娜精通西班牙語，可以做即時翻譯。

「我們的祖先會喝這種植物的汁液防止老化……這棵樹的根部搗碎可以作為染髮或彩繪圖騰的顏料……這種樹皮嚼過後可以讓聲音變得更細。」解說員帶著我們邊走邊指著路邊的樹木說。

熱帶叢林中樹木千奇百怪，有著各式各樣難以想像的功用，我好奇古代的美洲原住民要如何找出這些植物的藥效，又如何從茫茫樹海中辨識，這是生活在亞馬遜民族所特有的智慧，我充滿敬意地看著眼前這個原住民青少年。

「這棵植物便是死藤，部落的巫醫會用它來淨化靈魂。」他指著一棵奇異的植物說，它的枝幹像是兩棵樹木扭麻花般相互纏繞，「它的汁液便是鼎鼎大名的死藤水(Ayahuasca)，由於飲用會產生幻覺，因此在比較商業化的亞馬遜地區有些人會拿來牟利販售，但這是對信仰不敬的行為，因為只有受祖先認可的巫醫才有資格喝！」

———

離開生態園區後我跟麥蓮娜在巴士站等車，突然一陣譟動由遠而近，當時正值夕陽西下，天空是一片橘黃，我們一齊抬頭看向聲源，只見成千上萬隻鸚鵡密密麻麻掠過，一波又一波源源不絕像是風暴般襲捲而來，整整二十分鐘不曾停歇。

「我果然是身在亞馬遜叢林當中呢。」我喃喃自語，震耳欲聾的鳥鳴讓我覺得自己的聲音好陌生。

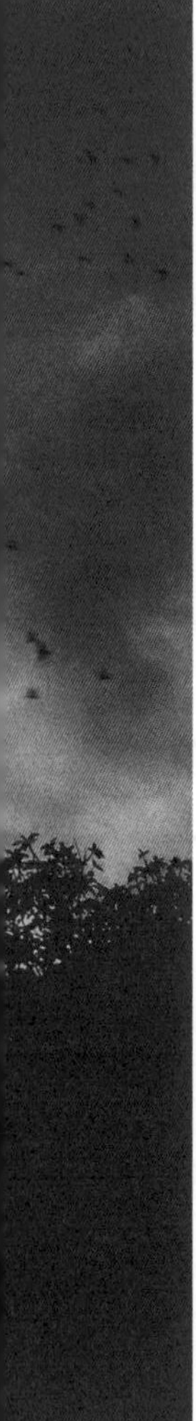

夕陽下掠過天際的歸巢鸚鵡

漂流

在亞馬遜叢林的深處，我感到自己是無比的渺小。

伊基托斯

Iquitos

我站在開往伊基托斯的貨輪船頭吹風，旁邊的阿根廷背包客胡安點起菸，由於船頭風勢很大，他的香菸總是沒抽兩口就燒完，不同於其他人順手把菸蒂往河裡丟，他抽完菸總會踩熄撿起來收進口袋。

「亞馬遜的生態已經夠脆弱了，不容許我們再這樣破壞。」胡安解釋，他是整艘船唯一會講英文的人，自然變成我的聊天對象，船上也沒其他事情可做，我們幾乎無時無刻不待在一起。

雖然身在熱帶雨林，船頭的風仍然讓我覺得有點冷，我走回船艙躺進吊床百無聊賴地擺盪，這是一艘底層裝載貨物、三樓有個開放空間的貨輪，我和胡安付錢給船東帶著自己的吊床睡在開放空間，同樣這麼做的還有許多住在叢林深處的印第安人，他們多半連西班牙語都不太會講，因此即使對我或胡安好奇，也無法溝通。

這些印第安人目的地常常是河岸邊僅由幾棟房舍組成的小聚落，由於貨輪不會停靠這些沒有經濟效益的地方，因此當船靠近村莊時，便有人划著獨木舟靠過來，水手用繩子拖住獨木舟，等兩艘船速度相當時，這些印第安人便踩著梯子爬上獨木舟回家。

此外船上還有個販賣部，一根香菸要價一索爾（約台幣九元）、一瓶印加可樂要價二塊半索爾（約台幣二十三元），以當地物價水準來看實在貴得令人咋舌，但由於沒有其他消遣，生意仍然相當興隆。

晚上抵達哥倫比亞和秘魯邊境，大批軍人上來臨檢，我的護照一共被查驗三次，背

包裡所有東西都被翻出來，我不耐煩地用破爛的西班牙文酸那個檢查我背包的軍人，說自己只是個普通背包客，不知道何德何能可以享受這麼高規格的待遇，那個軍人不發一語看了我一眼繼續檢查。

我跟胡安待在船頭放空，突然看見旁邊軍人從一個印第安人身上搜出整包白色粉末，才意識到邊境檢查並非毫無意義，有人行李夾藏毒品、有人查驗護照後被發現是非法入境，檢查沒過的人就被叫到甲板上坐成一排，這批軍人臨檢後，竟然押著十多個人下船。

——

入境秘魯不久後胡安便離開了，他下船的地方是一個沒有燈光和車輛的村莊，當我詢問村莊名字時他答不上來，只說覺得這邊很有味道想去看看，我傻眼地問他今晚要住哪裡，他傻傻地笑著說：「村莊只要有人就有房屋，想找到地方借宿應該不難。」

胡安就這樣扛著背包下船，剛開始船上的探照燈還能勉強讓我看見他的身影，不久後便漸漸消失在叢林深處。

目送胡安離開以後我躲回吊床，拿出筆電開始看儲存在硬碟裡的韓國電影《哭聲》，最初有個小孩發現我在看電影，興奮地跑到旁邊趴在吊床偷看，這個舉動引起人們的注意，身旁人潮逐漸越聚越多，有大人也有小孩。

這是一部懸疑片，為了省電我戴上耳機，加上沒有西文字幕，我不知道身邊這些人看懂多少；他們依然圍著我津津有味地觀看，不知道是不是電影中的韓國傳統建築、

薩滿信仰、以及那些長相與他們不同的人們引起好奇，我一邊欣賞電影一邊觀察周圍這些印第安人的反應。

——

進入秘魯以後船隻停泊的頻率增加，每當抵達稍有規模的村落便會有人扛著貨物上下船，我站在船頭觀察，人們的目的地是哪裡？去做什麼？要怎麼賺錢？生活模式是如何？我安靜地看著，心中有一百個問號，卻沒有人可以解答。

船上有四間淋浴室，打開蓮蓬頭流出來的水是棕色，看來是直接引上亞馬遜河水，同時還充斥著刺鼻的鐵鏽味，這讓我完全不敢洗澡，只能每天用昂貴的礦泉水刷牙洗臉，因而超級心疼，因為乾淨的水在亞馬遜叢林是珍貴資產，大瓶礦泉水就要價八塊半索爾（約台幣七十七元）。

二十四小時持續運轉的引擎非常嘈雜，吊床也不符合人體工學，我睡得不是很好，其實也不太敢熟睡，畢竟隨身家當對船上多數人來說，至少價值三個月薪水。

就這樣被折磨到了第三天晚上，手機和筆電早已因為聽音樂和看電影而電力耗盡，我無聊地站在甲板看星星時，突然無預警降下暴雨，整個天氣變化過程不超過五分鐘，雨勢大到讓人在踏出去那一瞬間就濕到像是掉進河裡。

我急忙躲進雨棚避雨，卻發現因為燈光，引來成千上萬隻昆蟲，甲蟲停在衣服上，牠的腳穿過衣服刺進皮肉，讓人們痛得直接彈開，導致地面堆滿甲蟲屍體，大量白蟻漫天飛舞，有些被烤焦在燈泡、有些撞擊到人們而死亡，沒多久我的眼鏡便布滿牠們的屍體。

當時我一個人瑟縮在角落，突然好想念台灣的一切，想念乾淨方便的自來水，想念柔軟舒適的床，想念凌晨三點在街上閒晃而無須擔憂的生活，想念等待我的家人和女友。我想要回家。但是我正身處在亞馬遜叢林深處，即使願意結束旅行，最近的機場也還距離一天航程。

外面是狂風暴雨和吞噬一切的黑暗，裡面是漫天飛舞的昆蟲，我無比渺小，自然的力量可以輕易粉碎萬物，我只能在這個小小的角落無止盡等待，並承受外在所施加在身上的一切。我無路可逃。

整整八天的航程，
每天傍晚金色的夕陽百看不膩

附論：沒有盡頭的流浪

我和胡安站在船頭吹風時，實在很難不注意到甲板上有幾個赤腳、雷鬼頭、衣著鮮豔怪異的嬉皮坐在地上編織手工藝品。胡安說南美洲很多這樣的流浪者，他們都非常友善，但實在有點受不了跟他們交談，不管講什麼話題最後都會轉移到能量連結，簡直跟直銷沒兩樣。

抵達伊基托斯後，我跟這些嬉皮分攤計程車錢進市區，他們告訴我有一間旅館床位只要五索爾（約台幣四十五元），這個價錢讓我毫不猶豫跟上，才發現這便是傳聞中的嬉皮旅館。

旅館裡的嬉皮白天跑到中央廣場或港口，擺攤販賣手工藝品賺取生活費和旅費，晚上回到旅館，群聚在中庭抽大麻和彈琴唱歌。也有人煮飯，想吃的話只要分擔食材費即可，這大概就是所謂的公社生活，雖然聊天的話題我總是有聽沒有懂，但跟他們一起生活感覺並不壞。

這些嬉皮來來去去，等賺到足夠旅費便前往其他城市，我發現他們的旅行時間都是以年為單位，最長的那位離家已經七年，簡直就是一場沒有盡頭的流浪，這樣的日子想必相當寂寞，難怪跟我同房的嬉皮養了一隻流浪狗每天抱著睡覺。

經過這次經驗，我開始注意這些流浪街頭的嬉皮，南美各地都能看到他們的蹤跡。大城市雖然物價較高，但賣手工藝品的收入也相對較好，南部的巴塔哥尼亞人煙稀疏，他們便選擇搭帳篷住在野外，付一點錢給民宿使用廚房和衛浴設備。

每天花費最少的食宿和交通成本，到一個又一個新的地方，看看不同的風景、認識新的人、談轟轟烈烈的戀愛，錢不夠就賣手工藝品。嬉皮的流浪生活看似浪漫，只要仔細想想，就覺得甘於一輩子這樣生活的人，其實多數是因為在家鄉找不到未來。

胡安的爸媽都是大學教授，即使有這麼體面的工作，月薪也才約一千美元，阿根廷的物價卻堪比西歐，可以想像當地生活壓力有多麼大，畢竟大學教授這麼低薪，年輕人想必更是無論多麼努力工作也無法有尊嚴地生活，而這個現象在巴西和智利也不惶多讓。

我不知道這些嬉皮可以用這種方式流浪到幾歲，老了以後又該何去何從，每次看到他們在旅館中庭開心彈琴唱歌，我的心中多少帶著一絲悲憫。

瞬間

「旅行就是會不停發生這些有趣的巧合，你看我們剛才多麼絕望，突然一個瞬間所有問題都解決了……」

查查波亞斯

Chachapoyas

準備離開伊基托斯那天早上，我接到胡安剛抵達的訊息，問我要不要見個面，我簡直求之不得。立刻跑到武器廣場會面，只見胡安拎個小袋子站在那邊，看到我立刻撲上來給我一個擁抱。

「你怎麼在叢林待這麼久啊？」雖然之前在船上一起生活了兩天，對他的熱情還是有些不習慣，我有些緊繃地縮起脖子問。

「在無名村莊下船那天我找不到人家借宿，晚上就直接睡在草地，結果隔天早上發現行李都被偷走，又找不到 ATM 提款，沒有錢付船票來伊基托斯。我只好跟船東商量幫忙搬貨交換船票，因此背部拉傷，在醫院躺了好幾天，才會延誤到行程。」胡安一派輕鬆。

聽起來胡安這個星期根本在叢林掙扎求生，我不知道他怎麼有辦法用這麼雲淡風輕的語氣講述這麼悲慘的經歷。

「你說今天就要離開，應該是要搭船去尤里馬瓜斯吧，我對伊基多斯沒興趣，不如跟著你一起行動。」胡安說。

——

就這樣我又跟胡安結伴，一起很廢地在貨輪待了四天，在船上的時間像是被扭曲，以三餐供應切割，中間只有無止盡的等待與放空。

原本我打算抵達尤里馬瓜斯後便直接搭夜車前往利馬，但在船上胡安提到他要去查查波亞斯，我開玩笑說也許可以一起行動。結果他根本懶得聽但書，只是開心地死命抱著我，這樣的熱情讓我完全無法招架，轉過頭我已經抵達這個根本沒聽過名字的小鎮。

查查波亞斯的沒沒無聞大概是因為基礎建設太差，其實這裡的旅遊條件完全不輸秘魯任何一個觀光重鎮，除了有落差將近八百公尺的戈克塔瀑布，還有保存程度與規模完全不輸馬丘比丘的奎拉普遺址，此外正是因為觀光業不發達，某程度而言原汁原味保留秘魯風貌。

結伴行動好處是可以分擔花費而且不無聊，壞處則是必須承擔夥伴的個性。我們計畫去奎拉普那天，因為必須健行整整八小時，加上預計探訪古蹟的時間，我訂了早上六點的鬧鐘，想說起床後可以買個早餐帶到公車上吃，事實證明我太過天真。

想叫胡安起床可不是簡單搖搖他而已，因為他的應聲只是敷衍，無法叫醒他就去做自己的事，必須待在床邊不停催促直到他坐起來，原本以為終於要開始動作，沒想到他只是用手機放起音樂，慵懶地說：「美好的早晨必須從優美的音樂開始，我要聽完這首歌才起床。」

胡安滿足地吃著炒蛋、喝著瑪黛茶

沒辦法我只好去刷牙洗臉，出來不見胡安，我著急地四處尋找；半小時後才看見他抱著一堆蔬菜水果進門。原來他跑去附近市場買菜，他慢慢晃進廚房拿出手機讓男高音的歌聲充滿房間，接著開始用果汁機打綜合蔬果汁、切馬鈴薯炸薯片、用烤箱烘蛋餅、打開沙丁魚罐頭擺盤。

早上九點，我坐在無比豐盛的豪華早餐前，卻一臉大便。奎拉普回程的末班公車是下午五點，如果今天還想過去，除了健行得非常拚命，也沒多少時間欣賞遺跡。

我狼吞虎嚥吃完早餐，著急地看著胡安細細品味自己的手藝，整顆心都要死掉了，拉丁人很會享受生活果然名不虛傳，終於他吃完早餐拿起紙巾擦擦嘴，我立刻站起來準備出發，他卻拿出杯子和茶葉開始燒熱水。

「完美的一天必須從濃醇的瑪黛茶開始，我們喝杯茶再走。」

——

奎拉普遺址果然壯觀，抵達前必須經過八公里攀升一千三百公尺的山路，這個門檻導致鮮少觀光客造訪。我們在買票時登記，發現今天只有五名遊客到訪，這讓探訪遺址更有味道，我們漫步在沒有人煙的破碎石堆，遙想千百年前這座古都中人們生活的樣貌。

我們走到懸崖邊，看著一望無際綿延的山脈與峽谷，白雲緩緩移動、老鷹在天空盤旋，胡安坐下來點了根菸。

「雖然每次聽嬉皮說到能量連結命中注定都會讓我反感，但在旅行中遇到太多巧合，有時我反而弔詭地覺得相信一些非邏輯的事情會讓世界更寬廣。」胡安邊說邊用鼻子噴出一串煙。

「怎麼說？」

「當時船上有這麼多乘客，我和你目的地既不相同、個性又差很多，用邏輯想很難相信我們現在會結伴旅行，但就是經過這麼多亂七八糟的巧合，我們才會走到這裡，我寧可相信有一股神秘力量在主導這些巧合。」

我不知道應該回應什麼，只能不發一語望天，這時我突然注意現在是下午三點半，距離回查查波亞斯的末班車只剩一個多小時，我急忙跳起來搖晃胡安的身體。

「好啦下山了，不然我們會錯過末班車！」

「不要，天氣這麼舒服讓我睡個午覺再走。」胡安慵懶地躺下，留下我一臉窘迫地看著他。

抵達山腳時晚上七點，早已錯過了末班車，但胡安看似完全不著急，只是擺擺手，

「反正總會有人經過，我們搭便車回去就好啦！」——

想到之前他下船時也是信心滿滿地說借宿很簡單，最終卻流落街頭，我對他完全不抱任何希望，沒想到他在幾分鐘之內就攔到車，有個秘魯女生來附近探親，說一小時後會回查查波亞斯、可以順道載我們，這個消息讓我喜出望外，至少確保今晚可以回到城裡。

結果等到晚上十點多還是不見那個女生蹤影，雖然知道秘魯人的拉丁性格，他們說的一小時跟時鐘裡的一小時不太相同，但終究覺得也未免等太久。我沮喪地倒在地上，猜想不知道是不是那個女生什麼時候早已離開而我們沒有注意到。

山裡夜晚的冷風相當刺骨，胡安絕望地跑去各間民宅敲門看能不能借宿，但其實我們都知道，這麼晚根本不可能有人會隨意收留兩個陌生人，我們最終的結局大概是在街邊等待隔天清晨第一班巴士。

就在此時，遠方突然出現一盞車燈，我和胡安互看一眼，立刻跑到馬路中央，就算用肉身也要擋下那輛車，結果剛才那個秘魯女生訝異地從車裡走出來：「你們怎麼還在這邊啊，趕快上車吧！」

我和胡安趕忙爬進後座，我累得直接倚著車門閉起眼睛，一陣沉默後，胡安在我旁邊自顧自笑了出來：「旅行就是會不停發生這些有趣的巧合，你看我們剛才多麼絕望，突然一個瞬間所有問題都解決了，彷彿有種不可思議的力量，我喜歡把這個時間點稱作魔法時刻。」

胡安滔滔不絕繼續說著，我卻早已進入夢鄉。

逃票

石塊堆砌的房舍圍牆保存完好，不難想像這座古城數世紀以前的風景，遊客穿梭其中像生活在此的居民，雲霧在空中讓畫面更加不真實。

熱水鎮

Aguas Calientes

離開查查波亞斯以後，我和胡安沿著秘魯海線一路往南，我們連夜搭車，終於趕在聖誕節前夕抵達安地斯山的入口城市——庫斯科，靠著胡安在南美背包客圈的資訊，我們住進一間神奇的廉價旅館，房價每晚只要八索爾（約台幣七十二元），還可以使用廚房。

這間旅館聚集了來自南美各地的貧窮背包客，雖然住宿品質不怎麼樣，浴室熱水是用滴的、牆壁隔音爛到不行，每晚誰在跟誰打炮都不是秘密。不過這裡的住客有個共識就是想要用最少的花費極大化旅行時間，衝著房租便宜，這一點小瑕疵也不是不能忍耐。

庫斯科很多景點所費不貲，大家便嘗試各種方式逃票，晚上再回到旅館中庭分享經驗，哪邊售票亭中午時間無人看守可以直接穿越、哪邊沒有柵欄可以翻山進去。旅館留言本也滿是前人筆記，包括食物交通逃票都有詳細記載，依循這些資訊，旅行便宜到幾乎像是不用花錢。

庫斯科附近最有名的景點就數天空之城馬丘比丘，想窺探這座世界奇觀要付出的代價相當驚人，除了令人咋舌的昂貴門票，光是前往馬丘比丘所在的熱水鎮火車票就要價一百二十美金。但旅館裡那些窮酸背包客才不會輕易被這種困境打倒，他們不知道跑去哪裡租了一輛廂型巴士自己開車，費用分攤下來每人才四十五索爾（約台幣四百零五元）。

儘管有自己的巴士，卻沒有通往熱水鎮的公路，我們只能開到附近的水力發電廠停車，再沿著火車軌道徒步三小時前往熱水鎮。這段路比想像中難走，多數時候只能走在鐵軌的碎石上，這比天堂路還要痛，搞到最後大家只要看見泥土路便開始歡呼。

抵達熱水鎮以後，大家開始老毛病發作討論要怎麼逃票，哥倫比亞男生米圭爾想趁晚上偷溜進去，胡安則說在留言本上看到有人寫，從熱水鎮往回三公里處游過烏魯邦巴河，對岸有條印加古道可以爬上馬丘比丘。

米圭爾的建議很容易被抓到，但胡安的做法卻要游過湍急的烏魯邦巴河，權衡之下我並不想為了省門票冒生命危險，便決定跟著米圭爾行動。當天深夜我們分成兩隊，分別由米圭爾和胡安帶頭，一共十六人從旅館出發，浩浩蕩蕩根本就是大型犯罪集團。

兩隊人馬在烏魯邦巴河邊分開，我跟著米圭爾的隊伍，排成長長一列躲在岩壁陰影下依序前進，這時天空突然開始飄起細雨。

「下雨對我們來說不是壞事，天氣太濕冷警衛會只想躲在崗哨裡。」走在前面的加泰隆尼亞女生阿蘭恰轉過頭對我悄聲說。

第一個哨口是通過烏魯邦巴河的吊橋，黑暗中探照燈非常刺眼，我們躲在樹叢後，使勁躲藏不讓身體暴露在光線照射範圍，米圭爾獨自去前方探路，他壓低身體倚著岩壁往前，不久便消失在黑暗中，只留下其他人急促的呼吸聲此起彼落。

對於未知事物的不確定性以及做壞事的緊張，讓時間推移的速度變得更加緩慢，我們躲在草叢中焦慮地等待。就在這時，哨口那邊突然亮起手電筒，一個人影朝著這邊慢慢走來，大概是米圭爾被抓到，正當我們準備作鳥獸散開始逃命，阿蘭恰突然作勢阻止大家。

「等一下，走過來那個人不就是米圭爾嗎？」阿蘭恰驚訝地說。

「大家不用躲啦！警衛今天翹班。」米圭爾大搖大擺地揮舞手電筒。

——

就這樣我們輕鬆過河，大家摸黑往山上爬，這段陡峭山路白天便已令人卻步，僅僅兩小時路程，多數旅客卻寧願搭乘昂貴的巴士上山。我們氣喘吁吁來到第二崗哨，也就是馬丘比丘入口處，發現駐守的警衛正趴在桌上呼呼大睡。

「所有人一起行動實在太張揚，我們分成三批溜進去吧。」米圭爾對大家說，他帶著幾個人負責打先鋒，身手矯捷地順利翻過柵欄。

十分鐘後第二組人馬準備出發時，身後突然有手電筒光束照過來，只見另一個警衛張大嘴訝異地看著我們。反應最快的是阿蘭恰，她急忙掉頭沿著公路跑下山，我們見狀也跟著逃離現場，那個警衛大喝一聲趕忙追來，但他的體力顯然比我們差得多，不久後我們便遠遠甩開。

「我累了想回旅館睡覺，馬丘比丘畢竟是世界七大奇觀，票價對我而言不算過分，明天我會乖乖付錢上來。」回到第一個哨口後我向大家宣布，接著便走往熱水鎮，有兩個人也跟著我往回走，但阿蘭恰和其他人卻決定稍晚再次闖關。

——

隔天醒來，我注意到大家的床位幾乎都空著，不知道是逃票成功還是天沒亮就已經出門，我悠閒換好衣服，再次沿著昨天的路線爬上山，白天走這條山路看著周圍雲霧繚繞，別有一番風情。

剛剪完票走進馬丘比丘，遠方的山峰和壯闊的古蹟交織而成的畫面便讓我震撼不已。石塊堆砌的房舍圍牆保存完好，不難想像這座古城數世紀以前的風景，遊客穿梭其中像生活在此的居民，雲霧在空中讓畫面更加不真實。

「你終於上來啦，我們在這邊等你好久，清晨這邊沒有其他遊客，整個馬丘比丘都屬於我們，你沒看見那個畫面真是可惜。」胡安的聲音從身後傳來，轉過頭我看見他和米圭爾、阿蘭恰等人。

「大家昨天晚上都睡在這邊嗎？」我訝異地問。

「我們再次闖關時那個警衛已經不見人影，進來和米圭爾會合後便躲在太陽神殿，直到遊客進來才混入人群。」阿蘭恰說。

「昨晚我們在附近農舍找到一條麻繩，綁在樹上游過烏魯邦巴河，沿著古道翻過山頭，進來馬丘比丘時剛好看見日出。」胡安說。

「你們這些瘋子，馬丘比丘門票也不過一百二十八索爾（約台幣一千一百五十二元），而且你們都有學生證可以半價，值得為了這點錢這樣折磨自己嗎？」

「你才不懂，這不是錢的問題！馬丘比丘這座景點實在太偉大，如果就這樣乖乖買票進來參觀，那有多無聊，我們必須賦予她一些精采回憶，才不會愧對這座世界奇觀。」

胡安看著我邪惡地笑了。

上：為了省錢沿著鐵軌走向馬丘比丘的窮酸背包客們
下：天空之城馬丘比丘

附論：太陽尚未墜落

漫步在庫斯科的武器廣場，到處都布滿攤位，正在販售關於聖經故事的擺飾和七彩聖誕樹燈泡，廣場中央豎立著巨大的雕像，是約瑟、瑪麗亞和東方三博士凝視著馬槽中的耶穌，這邊儼然變成一個巨大的聖誕市集，我看見印第安人穿著傳統服飾在攤位前討價還價，畫面充滿違和感。

拉丁美洲是目前世界最大的天主教區，大約百分之九十六秘魯人信仰天主教，過去印第安人信仰的是創世神維拉科查、大地之母帕查馬馬和太陽神印蒂，從傳統的太陽神崇拜到現在的天主教，這個轉變導因於西班牙人的殖民。

庫斯科這座印加帝國的首都，到處可見西班牙人剛柔並濟的傳教痕跡，他們燒毀太陽神殿，在基座上建造聖多明哥教堂，象徵天主教把太陽神信仰踩在腳下，接著再稍加修改聖經故事，例如讓耶穌在最後的晚餐中喝玉米酒、分食天竺鼠肉，使印第安人對聖經故事能更加感同身受以利傳教。

經過數百年的殖民和文化侵略，印第安人逐漸改信天主教，然而傳統的太陽神信仰卻沒有

消失，反而用其他方式保存下來。

從秘魯到玻利維亞，經常可以在教堂中看見許多鏡子，因為鏡子的反光就像太陽。當初西班牙人建造教堂時故意這樣設計，讓印第安人比較能接受天主教；另外這邊的瑪麗亞畫像多半會穿著三角形蓬蓬裙，看起來就像一座山峰的形狀，和大地之母帕查馬馬概念類似。許多人把這兩個神的形象連結，所以他們對聖母瑪麗亞的敬愛程度，甚至超過耶穌。

傳播到南美洲的天主教，取代了印第安人的傳統信仰，卻意外吸收他們的內涵而產生獨特樣貌，就是因為這樣，世界才沒有變得單調無聊，依然保持繽紛與活力。

贓物

實在不能理解它們的主人為什麼要出售，尤其是在物資匱乏的玻利維亞。

拉巴斯

La Paz

我和胡安在庫斯科分開，他想沿著當初西班牙人追擊印加殘軍的路徑，徒步走完印加聖谷，悼念自己祖先在這片土地做過的事，而我則繼續深入安地斯山，來到的的喀喀湖附近的城市拉巴斯。

在海拔四千公尺的高原待了兩個多星期，體力比較能負荷，因此想挑戰拉巴斯附近的死亡公路。這條道路從海拔四千八百公尺一路下降到一千兩百公尺、多數時候路寬僅三公尺；每年有數百人墜谷身亡，這邊是冒險者的遊樂園，許多人喜歡租借腳踏車從山上滑行下來。

這條路比我想像中更加艱困，高山下著冰雹打在臉上無比疼痛，儘管戴著雙層手套，手指依然凍得發紅；離開雪山以後是雲霧繚繞的斷谷，濃霧遮掩視線，路上礫石讓我兩度摔車、沒有護欄的急轉彎讓我必須時時握緊剎車；進入低地雨林雖然道路趨向平緩，身體卻被落下的瀑布淋濕，道路時常被溪流阻斷，只得牽著車涉水過溪。

抵達終點後我掏出相機，發現它完全濕透，觸碰按鈕也毫無反應；不知道是高山雪水或是雨林瀑布所致，我沮喪地坐在路邊，同團的中國人甘雨過來關心，閒聊後發現他是派駐拉巴斯協助建設水壩的工程師，想說應該比較瞭解這邊，於是我詢問哪裡可以買到相機。

「我住在拉巴斯的南邊，那一區有許多購物中心，你明天如果沒事就來我家，我們先吃個飯然後去找相機，你大概也很久沒吃到中國菜吧！」

隔天我按著地址來到甘雨家，才知道這裡是整個拉巴斯最高級的住宅區，庭院中花叢和果樹隨風搖曳，走進房屋看見陽光從落地窗灑進來、廚師準備滿桌豐盛川菜等我，這個陣仗讓我受寵若驚，甘雨卻笑著說自己外派生活很無聊，難得遇到有人可以講中文他也很開心。

飯後我們一起散步到隔壁的購物中心，卻發現這天是國定假日沒有營業，這時我突然想起之前聽朋友說山上 (El Alto) 有全南美洲最大的二手市集，便提議不如上去看看，也許運氣好能撿到寶買到便宜相機。

山上是拉巴斯的貧民窟，治安並不好，我住宿的旅館裡就有人在這一區的暗巷遭到持槍搶劫。但我的想法是，既然這邊是全南美洲最大的二手市集，只要待在主街想必到處人潮洶湧，不要白目亂跑，應該還不至於會遇到危及生命的暴力犯罪。

這個提議讓甘雨相當興奮，他說自己來到拉巴斯已經半年，卻從未有機會見識這個二手市集，因為南美洲大城市分區明顯，既然富裕的南區已經有許多購物中心和超級市場，平常沒事自然不會跑去山上買東西。

從南區開車到山上會經過壅塞的市區，因此我們決定搭乘纜車上山，纜車是安地斯山許多城市獨特的設計，他們不是用於觀光、而是為了取代捷運。畢竟起伏的地勢讓軌道建設成本昂貴，整個拉巴斯就有十餘座纜車站，構成複雜的交通網絡，有時甚至需要搭車到某一站換線轉乘。

抵達目的地以後發現這個二手市集規模遠遠超出預期，原本以為就像在台灣逛夜市，隨便走就能看見想找的攤位，結果沿著相同方向走了將近半小時，經過的所有攤販全都在販售汽車零件。

好奇地詢問路人後才發現市集有分區，這一區專門賣衣服、那一區可以找到五金雜貨，依照指示我們來到販售電子用品的區域，看見滿坑滿谷的二手相機和手機，大部分都還非常新，實在不能理解它們的主人為什麼要出售，尤其是在物資匱乏的玻利維亞。

「我覺得這些應該都是贓物吧。」甘雨說出了我不敢講的答案，我們兩個下意識同時抓緊背包。

雖然知道這些東西來源並不正當，但我的資金也所剩不多，能用便宜價格買到相機的誘惑實在太大，交易後我低頭拉著甘雨快步離開，雖然偷竊的人不是我，自己購買的行為卻助長這種犯罪發生，我對這台相機原來的主人感到萬分抱歉。

死亡公路最驚險的路段，
每年都有數百人送命於此

附論：愛國心

我和旅館裡的德國志工彼得在拉巴斯的女巫市場閒晃時，看到一群女生在街頭唱跳表演，彼得聽到她們的歌詞，忍不住大笑，隨後向我翻譯歌詞內容是「我們是玻利維亞人、我們擁有最純潔的玻利維亞心」。

「玻利維亞人真的好愛國啊！前幾天達卡賽車經過拉巴斯，圍觀群眾像是發瘋不停大喊玻利維亞世界第一，我不知道賽車借道經過跟世界第一有什麼邏輯上的關聯。」彼得酸溜溜地說。

我無法定論這樣的愛國情緒從何而來，但應該和玻利維亞封閉的地理位置有關，由於鮮少與其他文明互動，養出一種自我中心的文化。

愛國不是一件壞事，但有些玻利維亞人會將愛國情緒轉變成排外，這便令人相當反感。胡安在玻利維亞旅行時就曾被當地小孩丟石頭大罵「Gringos（印第安人對白人的蔑稱）滾出我的國家」，我也碰過故意瞇起眼睛嘲笑亞洲人眼睛小、對著我叫 Chinito（小中國鬼）的年輕人。

大概是因為近代遭到其他國家的侵略，讓玻利維亞人產生自我保護的心態以及對外國人的抗拒意識。西班牙殖民時期在波多西發現了銀礦，開挖的結果是八百萬奴工死在礦坑、大量財富被掏空移轉到歐洲；本來應該無比富裕的玻利維亞，淪落為南美洲的乞丐，好不容易脫離西班牙獨立，同是拉丁美洲兄弟的巴西、巴拉圭、智利卻三番兩次發動戰爭瓜分玻利維亞的領土。

基於這些不好的回憶，儘管玻利維亞藏有豐富的鋰、錫、銻、鋅、銅、鐵、石油，人們卻非常排斥擁有技術資金的外國公司介入開採，因為他們不想讓波多西的悲劇重演——玻利維亞的礦產，只有玻利維亞人能夠開採。

天與地

我突然注意到，鹽沼把星星也反射出來，從天空到水面，此時我們就像浮在銀河。

波多西

Potosí

沿途遇過這麼多背包客，討論到玻利維亞人的時候，我幾乎沒有聽過半句好話，對他們的評價不外是粗魯、傲慢、討厭外國人，在這個國家接收到的敵意，我從越過海關的第一天便深深感受。

用西班牙文問路時，好幾次對方直接當我是空氣；在拉巴斯中央市場買菜，攤販看到我是外國人直接開價三倍，我告訴他自己知道市場價格，卻被惱羞成怒的攤販揮手痛罵趕走；更別提每次和當地人交談，對方都是一臉大便粗魯回應，彷彿我欠他們幾百萬似的。

一路往南旅行到波多西，各種經驗讓我對跟玻利維亞人相處極度疲憊，每天都只是出門快速看完景點，接著買瓶啤酒和炸豬肉（Chicharron）躲回旅館配電影，我想盡可能減少和當地人接觸。

——

波多西是個悲劇城市，曾經擁有全世界最豐富的銀礦，殖民者挖出的白銀足夠建造一座從此處往返歐洲的銀橋；死在坑裡的印第安人，他們的骨頭卻也足夠搭建一座大橋橫跨大西洋。波多西的銀礦帶給西班牙無比財富，卻留給印第安人奴役和死亡，因此被諷刺地說是「受詛咒的白銀」。

十六世紀時波多西是世界上最富裕的城市，人口比同時期的倫敦、羅馬、巴黎都還多，甚至代表金錢的「$」符號便是她的市徽，銀礦枯竭後風華不再，像是失去青春的少女，只能從斑駁的華麗建築窺探逝去的容顏。

直到今天波多西仍有許多礦工在挖掘當初西班牙人廢棄的錫礦，很多背包客會進去礦坑看他們工作，只要準備禮物分送給沿途遇到的礦工，他們並不反對外人參觀，所謂的禮物包括濃度百分之九十六的酒精、菸草捲和古柯葉，礦工在地底下便是靠著這些物品自我麻醉、度過暗不見天日的痛苦時間。

進入礦坑前必須先祭拜惡魔大叔（El Tio），祈求祂不要動怒讓礦坑坍塌，祂是印第安傳說中地下世界的魔王，Naughty Boy 金榜歌曲《La La La》的 MV 就是在講述這個故事，主旨是一個逃家的男孩帶著流浪狗、沒有心的男人、被毀容的先知一起打敗惡魔大叔，這個傳說也被美國作家改編成童話故事《綠野仙蹤》。

參觀礦坑不是愉快的體驗，裡頭悶熱而且充滿粉塵，我們在狹小的通道爬行，洞穴深處不時傳來震耳欲聾的爆炸聲，才參觀短短一小時就已讓我極不舒服，在這種惡劣環境下工作，礦工壽命因此大幅縮減，聽說他們從進入礦坑開始平均不會活超過十年。

波多西和以「天空之鏡」聞名的小鎮烏尤尼相距並不遠，這天我計畫白天搭巴士過去，下午剛好跟認識的日本朋友租車去鹽沼看日落，由於波多西有兩座巴士站，退房前我特別跟旅館老闆確認哪邊才有車前往烏尤尼。

「新巴士站。」他想都不想便回答。

看見老闆自信滿滿，我不疑有他便出門搭車，這是我犯下的第一個錯誤。在玻利維亞旅行期間，我聽過好多次警告，問路一定要多跟幾個人確認，因為他們不知道路絕對不會讓你知道，而是會隨便講個方向打發你，畢竟這邊的人太過驕傲，驕傲到連不知道路都拉不下臉承認。

到達新巴士站以後我發現沒有車前往烏尤尼，詢問後才知道應該去舊巴士站搭車，我只好滿臉大便再次跳上公車，並拜託司機抵達舊巴士站時記得提醒我，接著便走到後面坐下休息。

忘記玻利維亞人有多麼冷漠，這是我犯下的第二個錯誤。坐了一個多小時還未到站，我開始覺得有些詭異，便詢問身邊的乘客，他們告訴我半小時以前就已過站，要我搭反方向的巴士回去。

「為什麼剛剛到站你沒有提醒我。」我氣急敗壞地走到前面質問司機。

「我忘記了。」他聳聳肩。

看見司機這種態度就知道再多講些什麼也不會讓他內疚，我嘆口氣把車錢丟給他，跳下車跑去對街搭巴士，原本還想悠悠哉哉前往烏尤尼，找好旅館再跟朋友會合，結果被這些事情一搞，我甚至要擔心會錯過和朋友約定的時間。

「喂！車子已經離開市區，你要付兩段車資！」司機搖下車窗對我大喊，我睜大眼睛不可思議地望著他，這實在太過分了。

折騰半天終於抵達烏尤尼，我急忙去旅行社找朋友，幸好在出發前趕到，不久後車子便離開小鎮行駛在鹽沼上。烏尤尼盆地本來沉在海底，後來經過地殼抬升、海水蒸發而形成一望無際的鹽原，每到雨季積水，整片鹽沼便會成為一面可以反射天空的鏡子，日本背包客把這邊暱稱為「天空之鏡」。

看完無比壯闊的日落，天空慢慢暗下，我和朋友坐在車頂，由於晴朗無雲又沒有光害，整條星河逐漸顯現。我們著迷地看著星夜，這時我突然注意到，鹽沼把星星也反射出來，從天空到水面，此時我們就像浮在銀河。

那絢爛又不真實的畫面讓我驚訝地張開嘴巴，我回憶起在玻利維亞旅行的這些日子，無論壯闊的風景或古老的印第安神話，每個環節都是那麼迷人，雖然人民並不友善，但他們不去迎合觀光客的生活步調卻散發出一股魅力，我突然開始理解為什麼這麼多背包客會對玻利維亞這個國家抱怨連天，卻仍然前仆後繼地來到這裡。

很多背包客會來到波多西的礦坑參觀

天空之鏡

禮物

沿途遇見的登山客都用訝異的眼神看著我，路像是永遠沒有終點，翻越一座山丘又看見另外一座。

百內國家公園

Parque Nacional Torres del Paine

進入智利我繼續往南來到巴塔哥尼亞，這裡是健行愛好者的天堂，我環球旅行的最後高潮，就是在百內國家公園健行數天。一抵達入口城市納塔雷斯港，就聽說智利政府制訂新政策，若想在國家公園內露營必須提前預訂，但近期的所有營地都被預約滿了。

這個消息讓我相當沮喪，因為國家公園內的百內塔和格雷冰河都是別處無法看見的奇景，未來我也不可能飛過半個地球再來。若想要看這兩個景點似乎只能趁現在，我花了整個下午上網搜尋發現有解，因為百內塔與格雷冰河剛好在國家公園兩個入口附近，如果直接搭車到入口處單日徒步往返景點，這樣便無需在國家公園露營。

這個計畫在百內塔的部分不是問題，但格雷冰河的登山口必須搭船前往，而首末班船次之間能停留的時間只有七小時，比官方預計往返的八小時還短。我不確定自己是否能做到，只是格雷冰河是我整趟旅行最期待的景點之一，無論如何還是想嘗試。

假如真的趕不及就厚著臉皮去營地求救吧，就算沒有預約他們也不可能見死不救，放手一搏吧。

——

巴塔哥尼亞以天氣詭譎多變聞名，氣象預報毫無意義，為了能看見晴空下的湛藍冰河，我每天都會早起看看天空，接連兩天都是狂風暴雨，終於在第三天，也就是我生日這天，才看見萬里無雲的晴空，我立刻衝去車站買了首班前往百內國家公園的巴士票。

靠近貝侯埃湖時，我看到碼頭邊排滿準備搭船前往格雷冰河登山口的人潮，旁邊湖水是藍綠色粉蠟筆畫出的顏色，讓我在下車後忍不住停下腳步拍了兩張照片，這個動作正是我悲劇的開端。

拍照時我注意到身邊人們都爭先恐後往碼頭跑去，想說距離開船還有一段時間，完全不懂大家為何這麼著急。我邊散步邊拍照悠哉抵達碼頭，滿心歡喜期待，開始登船到一半，工作人員突然用鐵鍊擋住隊伍。船班客滿。

我整個傻眼，每天船班數量固定，我只想著要如何才能在時間內趕到碼頭，完全沒想過會客滿。我看著船隻慢慢消失，雖然公園管理員不久後便宣布晚點會再加開一班，但等待船隻回來也是一小時後的事情，本來的健行時間便已不足；加上等船我不知道今天還有沒有機會看見冰河，我無限懊悔為什麼下車時要手賤拍那幾張照片。

——

一個半小時後，渡輪終於姍姍來遲，我用完全死掉的眼神看著旁邊排隊的韓國登山客，他苦笑著說這大概就是所謂的智利時間。

渡輪穿越貝侯埃湖，遠方嶙峋的大山積滿沉雪，此刻我卻完全無心欣賞。因為冰河步道往返總計二十三公里，而我只剩下五個小時，這樣的距離走平地都很趕，何況還必須翻越好幾座山丘；我臉色鐵青地看著地圖，雖然自己腳程算快，仍然沒什麼信心能看見冰河。

健行前段是在一片廣闊的金黃草原，我跨著大步向前，巴塔哥尼亞強勁的西風吹得我有些難以站立。這時突然注意到有雨水隨風打在臉上，抬起頭發現遠方有片濃霧正飄過來，很快便蓋住太陽，我想到前幾天躲在旅館裡等待放晴，突然覺得好諷刺，今天是我的生日啊，為什麼想要看見晴空下的冰河這個禮物老天都不願意給我？

「不行，我不甘心！」我對著天空大喊，抓起背包開始向前奔跑，我知道濃霧中就算抵達觀景台也很可能什麼都看不到。但我不想沒有戰鬥過就撤退，至少讓我掙扎著抵達，然後再被狂風和濃霧徹底摧毀。我有了一個幼稚的念頭，只要想要的事情，就算粉身碎骨也要拚命去做，無論結果成功或失敗，都不能對自己的人生打任何一點折扣。

我毫不停歇地拚命奔跑，不停上山與下山，完全沒時間欣賞風景，在強風冷雨下趕路似乎很愚蠢。沿途遇見的登山客都用訝異的眼神看著我，路像是永遠沒有終點，翻越一座山丘又看見另外一座。

把時間切成一半的話我必須要在四點回程，儘管已經做好最壞打算搭不上船，但越靠近冰河周圍冷風越強，同時天空還飄著陣雨，我不停打著哆嗦，不知道身上裝備能否支撐我度過這邊的夜晚。

三點五十分，就在幾近絕望那刻，巨大的冰河隱約出現在叢林後方，我急忙向路人詢問這邊距離瞭望台還有多遠，對方聳聳肩說：「十分鐘吧。」這個消息讓我振奮不已，我用百米衝刺的速度向前，穿越格雷營地，果真在四點整抵達瞭望點，就在這時，我注意到濃霧已經散去。

上：巴塔哥尼亞的地標百內塔
下：濃霧散去後看見巨大的格雷冰河

儘管回程時間已剩不多，我依然帶著虔敬的心慢慢向前走去，碎落的冰山漂浮在格雷湖中，雪白的表面隱隱透著淡淡螢光和冰河藍，巨大冰川覆滿整座大山，儘管經歷這麼多折磨，我還是看見這麼壯闊的景色。

我邊走邊回想這一年多的旅行，雖然經歷許多挫折與阻礙，我終究走到最後，當初計畫要去的每個地方，無論遭遇什麼困難都沒有讓我打任何折扣，我靜靜坐在礫石山坡上，儘管每多待一分鐘就多一分搭不上回程渡輪的風險，我依然望著眼前的風景毫無動作，彷彿整個世界都停在這個瞬間。

腦海中突然閃過好多畫面，喜馬拉雅的巨大雪山、賽倫蓋提草原奔跑的斑馬與牛羚、亞馬遜雨林飛過天空的上萬隻鸚鵡，我靜靜望著眼前湛藍的巨大冰河，心中滿是強烈不已的感動，活著真是一件美好的事，有幸感受這個世界帶給我的各種悸動，想著想著我竟忍不住掉下眼淚。

旅行的意義從來不只是旅行本身，在旅行這段時間，家人和女友就這樣默默在遠方等待，無論擔憂還是寂寞，他們情感上的折磨肯定遠遠超過我身體的勞累，但卻從未叫我早點回家，而是默默為我守著，希望我沒有負擔去追逐夢想，意識到自己擁有這樣徹底而毫無質疑的愛，我真是一個無比幸運的人，這是最棒的生日禮物。

故鄉東亞

節奏

人們從四面八方湧出，我站在馬路中央看著來來往往的人們，每個都用著風一樣的節奏前往不同方向，好快、好快。

東京

Tokyo

要從南美洲回台灣最便宜的方法會經過日本，剛好有大學同學在東京執業當律師，便打算出關找他玩兩天；抵達成田機場時發現身旁都是台灣遊客，和之前旅行經驗不同，自己的臉龐完全不會引起側目，像是變成隱形人，這竟讓我感到一絲沮喪。

我在機場服務台詢問要怎麼搭車到朋友家，對方交給我一張紙，上面詳細寫明要搭什麼車以及在哪裡，我總共必須轉乘四次，而紙張最下面寫著預估交通時間一小時三十四分鐘，我看了一下手錶按照指示出發，抵達目的地時發現竟然分秒不差。

整個東京都會圈有三千五百萬人口，山手線鐵道環繞整座城市，多數人是搭乘電車前往各區域，再轉乘各支線到達目的地。我抵達東京時剛好是下班時間，山手線上塞著滿滿的人，幾乎連呼吸的空氣都沒有，但神奇的是，整班列車悄然無聲，只聽見電車行走在軌道所發出的聲響。

我在上野站轉乘捷運，人潮川流不息，每個人下車後便毫不停歇朝著自己的方向前進，我抬起頭來看看指標，僅是移動速度稍微減緩，馬上被後面的人撞到。我慌忙退到角落，直到確認方向才重新試著擠進人流，卻找不到可以插入的隙縫，人潮隨著列車一班又一班運來，我無法打斷這樣的節奏。

抵達約定見面的地點，朋友已經在車站出口等我，他帶我去一間家庭餐廳吃飯，我們坐在和式坐墊，年輕的女服務生屈膝跪在旁邊，這讓我非常不習慣，很想擺手叫她站起來，卻想起自己正在日本，所有服務生都是這樣跪著服務。

一種強烈的文化衝擊感充滿全身，我的上個目的地是距離東亞最遠的南美洲，那裡遲到是家常便飯、人們不講話會死掉、在餐廳請服務生過來點餐對方會翻白眼叫你不要催。日本每個細節都再再提醒我自己來到一個截然不同的世界，最神奇的是這樣的衝擊感竟然根源於我再熟悉不過的東亞文化，我果然已經離開家太久。

吃了天婦羅丼飯、喝了兩杯清酒，深深感覺只有亞洲食物才適合亞洲人的胃，香噴噴的熱米飯光是咀嚼就充滿味道；飯後我和朋友帶著微醺走在澀谷街頭。抵達那個著名十字路口的瞬間，號誌燈突然轉換，人們從四面八方湧出，我站在馬路中央看著來來往往的人們，每個都用著風一樣的節奏前往不同方向，好快、好快。

澀谷車站外面的十字路口，
每天約有兩百萬人次通過，被譽為全世界最繁忙的路口

兄弟

這幾天天氣比較冷，每次和金承龍見面時他都會塞暖暖包到我的手裡，有一次甚至幫我準備圍巾。

首爾

Seoul

「午餐便當我幫你準備好了，你去參觀景福宮可以順便在那邊野餐。」早上我在浴室洗澡時，就聽見廚房裡傳來乒乒乓乓的聲音，還納悶昨晚明明已經在便利商店買好早餐，不知道金承龍在搞些什麼東西，直到他敲門這樣說，我才恍然大悟。

原本打算離開日本就要回台灣，卻在東京產生令人眷戀的文化衝擊，我想多沉浸在這樣的氛圍一陣子，便更改機票前往韓國，想拜訪這個和台灣如此相似卻無比陌生的國家，我聯絡了在非洲一起旅行的朋友，就這樣住進當時的大哥金承龍家。

韓國有一種「兄弟文化」，雖然不是親兄弟，男生依然會像照顧親弟弟那樣照顧年紀較小的朋友。這幾天天氣比較冷，每次和金承龍見面時他都會塞暖暖包到我的手裡，有一次甚至幫我準備圍巾。

金承龍這樣照顧我當然覺得相當暖心，但他平常上班這麼辛苦，假日還早起做便當，讓我很慚愧，在我們的觀念裡朋友應該平等相處，我卻無法為他做些什麼，想著是否應該婉拒這些好意，又不知道如何開口，也怕傷害到他的自尊，只好對所有體貼不停道謝。

花了一整天參觀景福宮和北村韓屋，傍晚我搭公車來到廣藏市場，金承龍和宋德憲已經在入口處等待許久，他們說要帶我來這邊吃韓國平民美食。首先上場的是生牛肉，當我看到一團切片紅肉送上來時差點被嚇死，沒想到拌著蛋黃吃起來相當清爽、沾點芝麻油味道更是濃郁又層次豐富。

吃完後大家坐著休息，我藉口上廁所偷溜去買單，因為這幾天幾乎每餐都被金承龍請客，我必須做些什麼讓自己不會感到虧欠，韓國的兄弟文化也體現在付錢這件事，大哥通常會幫弟弟出錢，原本以為自己是外國客人才老被請客，結果發現金承龍和朋友出去玩也會只跟大家粗略收個整數，再付清餘款。

回到座位後，他們聽說我已經買好單，表情略顯訝異卻沒多說什麼，這時金承龍突然跟宋德憲說了一些話，接著便走出店外。

「他說下一家店比較有名，所以先去排隊，我們待會再過去吧。」宋德憲轉身跟我解釋，這讓我滿頭霧水，大家一起排隊聊天比較不無聊吧。

不久之後宋德憲接到電話，便帶我穿越鬧哄哄的人潮前往市集另一頭的店面，只見金承龍已經點好滿桌食物等著，雖然我有些納悶明明就沒有人在排隊，不知道他為何要先過來。這餐的主角是栗子發酵酒，配上綠豆煎餅和血腸等小菜，我們邊吃邊聊，很快便掃空一桌食物。

「你們過來之前我已經付完帳了。」就在我準備掏出錢包時，金承龍拿起帳單說，我這才知道剛剛他為什麼要提早過來。

「可是這樣不好意思欸。」

「沒關係啦，你都叫我大哥了，兄弟之間不要計較這點錢。」

美麗島

立霧溪在數百公尺下轟隆轟隆怒吼，仰頭距離那一線藍天又那麼遙遠，走遍世界從未看過類似的地貌。

花蓮

Hualien

離開韓國後我瞞著家人回台，因為他們如果知道我回國，必然會希望我立刻回家團聚，這時我已經出國太久，對於台灣的生活既熟悉又陌生，大概自己這輩子再也沒機會對家鄉有這種感覺，我想讓自己在習慣這個島嶼的生活前，先被她的美麗感動一次。

我決定用一個背包客的身分探索自己生長的家園，便搭乘火車開始環島，這趟旅行讓我發現台灣無論人文或自然風景都令人無比驚豔。過去也許因為太熟悉而不覺得珍貴，又可能是國家遭到打壓的現實讓我們失去自信，我好想要大聲呼喊，台灣最美的風景絕對不只是人。

漫步掛滿紅燈籠的九份老街，同時混雜著中國的繁華熱鬧與日本的含蓄內斂，這樣的氛圍讓我眼花撩亂；走過牌樓林立的大溪古鎮，舊時代遺留的商號招牌華麗卻帶著時間的痕跡；來到鑼鼓喧囂的台南大天后宮，看見跪在神壇前點香擲筊的信眾。在全球化的浪潮下，有多少已開發國家能把傳統習俗如此原汁原味保存在生活中？

我來到東海岸的花蓮，左邊是海岸山脈和綠油油的稻田，右邊則是從蔚藍太平洋吹來的風，我看著街上往來的人們，黝黑的皮膚、黑白分明的大眼睛和長長的睫毛，那是與我完全不同的長相，我訝異這樣小小的島嶼，竟然能孕育這麼多不同的民族與文化。

我在花蓮時恰巧碰上同學老家部落豐年祭，便過去拜訪，只見人們穿著傳統服飾在廣場喝酒唱歌跳舞，小米酒的氣味讓夜空微醺，旁邊空地上幾個攤販正在吆喝，我的左手拿著鐵板山豬肉，右手拎著四季春手搖杯，五官被各式各樣的刺激給填滿，離開家以後，才發現故鄉的一切是那麼讓人依戀，台灣的土地就是這麼黏。

隔天早上騎著機車一路往太魯閣的方向前進，直到燕子口才停下來，沿著護欄看著對面岩壁上的大理石紋路，立霧溪在數百公尺下轟隆轟隆怒吼，仰頭距離那一線藍天又那麼遙遠，走遍世界從未看過類似的地貌，那樣的壯闊不禁令我自豪與驕傲，這才是台灣最美麗的風景，全世界獨一無二。

「這太壯觀了！」我走到步道終點，一個白人背包客正站在那邊仰頭望著天空，他看到我便大聲讚嘆。

「我知道。」我露出一抹自信的微笑回應。

附論：消失的文化

當我在環島旅行的那幾天，PTT恰好在論戰台灣觀光，有篇文章說台灣沒有自身的獨特文化，就算有也是根源於中國。由於複製品難以敵過本尊，對於那些想探索「神秘東方文明」的西方旅客，他們來到亞洲的第一選擇絕對不會是台灣，對於這樣的論述，我相當不以為然。

文化是人們生活的方式，彼此會相互影響，例如中國的鄰國韓國與越南，同樣會過春節、發紅包、寫春聯、使用生肖符碼，但沒有人會說韓國和越南文化僅是中國文化的複製品，因為傳到這些地方的中國文化，早已和當地文化習俗結合而孕育出新的內涵。

同樣地從中國傳到台灣的文化，也會受到在地歷史和環境影響，發展出獨一無二的習俗，例如台灣的春節，便衍生出自己的燈猴傳說（備註1），廟會的陣頭八家將和野台歌仔戲，也在世界其他角落看不到；更別提台灣還是南島文化的發源地，怎麼會說台灣沒有自己獨特的文化呢？

台灣人對自身文化不熟悉，是因為過去威權統治的刻意抹煞，例如課本不會提及台灣史地或文學、學校教育禁止講母語，此外從故宮博物院到中正紀念堂，所有官方建築都用中國宮殿式建築取代傳統台式建築，種種案例都讓台灣人對自身文化產生疏離感，同時也失去自信。

解嚴後雖然政府不再對本土文化壓迫，人們對於本土文化的歧視習慣卻保留下來，例如用「很台」來形容穿著俗氣、電視劇中流氓或無知的人永遠講台語，這些現象讓台灣人成為吳濁流筆下亞細亞的孤兒，找不到對自己的認同與歸屬，才會認為成長的地方沒有文化。

其實正如前面提到文化是人們生活的方式，只要有人必然會有文化產生，尤其台灣有這麼特殊的歷史背景和多元族群，怎麼可能沒有自己的獨特文化？只要大家出去旅行時，重新審視烙印在自己身體上那些文化符號，就會知道許多習以為常的生活習慣都是如此特殊而意涵豐富。

備註1

相傳燈猴有次向玉皇大帝進讒言，讓玉帝決定把台灣島沉入海中，人們聽說這個消息，絕望地和家人團聚，最後玉帝在觀音菩薩求情之下沒有降下洪水，人們過完除夕午夜發現安然無恙，便開心地出門放鞭炮、互道恭喜，這便是圍爐和走春等習俗的由來。

www.hotelramakrishna.com

GECKO
RESTAURANT
GECKO
CAFE
RESTAURANT
CHINESE.
GECKO
RESTAURANT
ROOM

後記

旅行結束以後，我回到台大法學院的圖書館繼續準備律師考試，當時陪在我身邊的，是許多即將完成論文的大學同學，那是畢業後的第四年，許多人正在把這八年多的法學教育一點一滴凝成結晶，我不會忘記一位好友整整七天沒有離開系館，三餐都是大家外出吃飯時順便幫忙帶回來。

我不認為以他們任何人的實力有可能無法畢業，但卻每個人都日以繼夜拚了命在研究文獻和數據，同學告訴我這是他們花了整整八年生命萃取出來的精華，他想要能夠做出一些真正可以幫助社會的研究，而不是單純混一張文憑。

我在開始寫書以後才慢慢了解他們的心情，因為自己對於旅行付出過太多心血，如果沒有用拚了命的覺悟去完成這本書，我無法對蒐集資料、研究文化歷史、實踐旅行的這整整四年時間做出交代，這本書就是我的論文，我正準備從生命中一個無可取代的階段畢業。

同學們在論文的最後總會放一大段感謝詞，敘述自己是如何一路走來，並表達對指導教授、朋友和家人的感謝，我也同樣要在這篇後記裡面，告訴生命中最重要的人，一些平常說不出口的愛。

——

經過七個月的努力，我順利通過了律師考試，家人欣喜之餘，當然希望我趕快步入正軌投入職場，但我卻任性地躲在家裡寫書，錢不夠就跟妹妹借，完全沒有身為長男應該有的擔當，很快地，父母親對於我考上律師便從喜悅轉為憂慮，他們認為我在逃避就業。

我和母親吵了一次架，我懇求她再給我四個月，因為自己開始工作便不可能抽出時間寫書了，她並沒有認同我的想法，但還是決定相信自己的兒子，她說她愛我，所以不會干涉我做任何決定，我知道「不干涉」這件事聽起來很簡單，但其實是最偉大的犧牲，因為接下來的幾個月裡，母親除了要對抗心中的焦慮，也必須承擔鄰居和朋友的異樣眼光。

感謝我的母親，她是世界上最偉大的人，因為她放開手讓我去飛，無論環遊世界或是寫作，天曉得這需要多大的愛與勇氣，她都願意為我承受。

在我拿到律師證照的同時，女友也辭職回到台灣，當時她住在台北、而我在中壢生活，因為忙著寫作，很少有空去台北找她，我知道她放棄夢想回到台灣最重要的原因就是希望更常見到我，但我們見面的頻率卻和分隔兩地時幾乎無異，我想她一定非常壓抑，卻為了不讓自己影響到我而一直忍耐著，感謝親愛的女友，謝謝妳為我做過的一切。

這一本書是我青春無比重要的結晶，想要把他獻給生命中最重要的家人，母親、父親、妹妹，一路陪伴著我的女友，以及幾位一輩子的摯友，昭安、家榜、啟任、蔡睿、冠辰，缺少你們任何一個人的愛，今天的我都不會完整，謝謝你們。

——

故事講到最後，還是要回到這本書的主角們。

在曼谷幫我過生日的沙立，最近也決定出發環遊世界，而他旅行的第三個國家便是台灣；跟我一起攀爬喜馬拉雅山的柯林，拿到一間風險投資公司外派台灣的機會，目前在台北工作；孟買導演夏那瓦茲完成了《Candyflip》、桑吉巴島的哈吉目前在旅行社當導遊；跟我在祕魯結伴旅行的胡安回到大學讀生命科學，最近剛交了女朋友，打算畢業後要一起去澳洲打工渡假；在首爾招待我的大哥金承龍現在去補習班教英文，下個目標是存錢到南美洲旅行。

我結束流浪生活，目前定居在台北當個小律師，幸運地有了另一種方式，傾聽社會每個角落的故事；而我整趟旅行最重要的旅伴，同時也是我人生最重要的伴侶，我親愛的女友，辭職回到台灣以後，在一間外商公司找到新工作，和我的事務所只距離一條街。

東非主食烏咖哩 (Ugali)，用蒸熟的玉米粉沾上以番茄、洋蔥及青椒燉煮的醬料一起食用

帶有酸奶味道的白色發糕是南印度主食 Idle，
用印度餅 (Roti) 油炸製成的則是北印度點心 Puri

埃及名菜乳鴿包飯，把米飯塞進鴿子的肚子後拿去烤，讓肉油香滲入米飯中

亞馬遜名菜棕櫚芯沙拉，沾點檸檬汁非常爽口

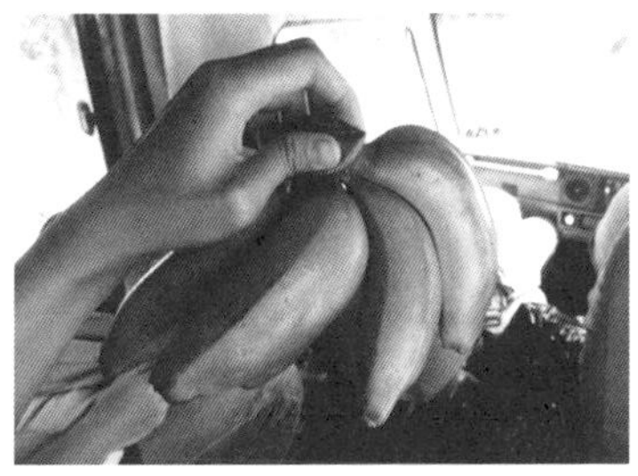

好生活 014

邊境角落關鍵字 —— 413 天異地觀察實錄

作者　葉兆中
美術設計　ilid Chou

執行編輯　周愛華
特約編輯　楊佩穎

發行人兼總編輯　廖之韻
創意總監　劉定綱

法律顧問　林傳哲律師 / 昱昌律師事務所

出版　奇異果文創事業有限公司
地址　台北市大安區羅斯福路三段 193 號 7 樓
電話　（02）23684068
傳真　（02）23685303
網址　https://www.facebook.com/kiwifruitstudio
電子信箱　yun2305@ms61.hinet.net

總經銷　紅螞蟻圖書有限公司
地址　台北市內湖區舊宗路二段 121 巷 19 號
電話　（02）27953656
傳真　（02）27954100
網址　http://www.e-redant.com

印刷　永光彩色印刷股份有限公司
地址　新北市中和區建三路 9 號
電話　（02）22237072

初版　2019 年 05 月 03 日
ISBN　978-986-97055-4-7
定價　新台幣 360 元

版權所有 · 翻印必究
Printed in Taiwan

CIP

邊境角落關鍵字：413 天異地觀察實錄 / 葉兆中作 . --
初版 . -- 臺北市 : 奇異果文創 , 2019.05
320 面 ; 14.8×21 公分 . -- (好生活 ; 14)
ISBN 978-986-97055-4-7(平裝)

1. 旅遊文學 2. 世界地理

719　107021609